프랑스 군인 쥐베르가 기록한 병인양요

015
그들이 본 우리
Korean Heritage Books

프랑스 군인 쥐베르가 기록한
병인양요

H. 쥐베르, CH. 마르탱 지음
유소연 옮김

살림

발간사

'그들이 본 우리' — 상호 교류와 소통을 위한 실측 작업

　우리는 개화기 이후 일방적으로 서구문화를 수용해왔습니다. 지금 세계는 문화의 일방적 흐름이 극복되고 다문화주의가 자리 잡는 등 세계화라는 다른 물결 속에 있습니다. 이제 우리가 주체적으로 우리의 문화를 타자에게 소개함에 있어 진정한 의미에서의 상호 소통을 통한 상호 이해가 필요함은 주지의 사실입니다. 그리고 타자와 소통하기 위한 첫걸음은 그들의 시선에 비친 자신의 모습에 대한 진지한 탐색입니다. 번역은 바로 상호 교류를 통해 자신의 정체성을 확보하기 위한 작업이며, 이는 당대의 문화공동체, 국가공동체 경영을 위해 중요한 과제 중의 하나입니다. 우리가 타자에게 한 걸음 다가가기 위해서는 타자와 우리의 거리를 정확히 인식하여 우리의 보폭을 조절해야 합니다. 그런 의미에서 서구가 바라보았던 우리 근대의 모습을 '번역'을 통해 되새기는 것은 서로의 거리감을 확인하면서 동시에 서로에게 다가가기 위한 과정입니다.

한국문학번역원이 발간해 온 〈그들이 본 우리〉 총서는 바로 교류와 소통의 집을 짓기 위한 실측 작업입니다. 이 총서에는 서양인이 우리를 인식하고 표현하기 시작한 16세기부터 20세기 중엽까지의 우리의 모습이 그들의 '렌즈'에 포착되어 기록되어 있습니다. 그들이 묘사한 우리의 모습을 지금 다시 읽는다는 것에는 이중의 의미가 있습니다. 우선 우리는 그들이 묘사한 우리의 근대화 과정을 통해 과거의 우리를 확인할 수 있습니다. 하지만 이 작업은 다른 면에서 지금의 우리가 과거의 우리를 바라보는 깨어 있는 시선에 대한 요청이기도 합니다. 지금의 우리와 지난 우리의 거리를 간파할 때, 우리가 서 있는 현재의 입지에 대한 자각이 생긴다고 할 수 있습니다. 이런 의미에서 이 총서는 시간상으로 과거와 현재, 공간상으로 이곳과 그곳의 자리를 이어주는 매개물입니다.

이 총서를 통해 소개되는 도서는 명지대-LG연암문고가 수집한 만여 점의 고서 및 문서, 사진 등에서 엄선되었습니다. 한국문학번역원은 2005년 전문가들로 도서선정위원회를 구성하고 많은 논의를 거쳐 상호 이해에 기여할 서양 고서들을 선별하였으며, 이제

소중한 자료들이 번역을 통해 일반인들에게 다가감으로써 우리의 문화와 학문의 지평을 넓혀줄 것으로 기대합니다. 한국문학번역원은 이 총서의 발간을 통해 정체성 확립과 세계화 구축을 동시에 이루고자 합니다. 우리 문학을 알리고 전파하는 일을 핵심으로 하는 한국문학번역원은 이제 외부의 시선을 포용함으로써 상호 이해와 소통이 현실적으로 가능하도록 더욱 노력하겠습니다.

끝으로 이 총서가 세상에 나오게 힘써주신 여러분들께 감사드립니다. 특히 명지학원 유영구 이사장님과 명지대-LG연암문고 관계자들, 도서 선정에 참여하신 명지대 정성화 교수님을 비롯한 여러 선생님들, 번역자 여러분들, 그리고 출판을 맡은 살림출판사에 감사드립니다.

2009년 5월
한국문학번역원장 김주연

일러두기
원저자의 주는 '필자 주'로 표기해 구분했다. 그 외는 모두 '역자 주'이다. 단, '필자 주'와 '역자 주'가 같이 있을 때는 '필자 주', '역자 주'로 각각 표기해 구분했다.

차례

발간사 · 5

1. 쥐베르의 조선 원정기 · 11
2. 마르탱의 1866년 조선 원정 · 83

역자 후기 · 119
참고문헌 · 135

1. 쥐베르의 조선 원정기

UNE EXPÉDITION EN CORÉE

위엄 있고 용맹하며 지칠 줄 모르던 장교, 그러나 불행하게도 이제는 프랑스 해군부에서 그 모습을 영영 볼 수 없게 된 보세(Bochet) 대위가 지휘한 기함(旗艦) 프리모게(Primauguet)호에 동선했던 필자는 오늘날에 흔치 않은 귀한 행운을 누려 이제껏 그 누구도 탐사한 적이 없는 조선의 해안으로 들어가 세상에 거의 알려지지 않은 주민들을 만날 수 있었다. 이제 나는 그때의 원정 기간 동안 내가 보고 체험한 바를 여기서 이야기하려고 한다.

본격적인 이야기로 들어가기에 앞서 조선이라는 나라에 대하여 간략히 개술하고자 하는데, 조선 역시 세계사 안에서 자신의 역할을 톡톡히 해낸 나라인 만큼 수많은 문제점들의 열쇠 또한 분명

이 나라 안에서 찾을 수 있으리라 생각되어 조선을 소개하고자 하니 독자는 이 점을 양해해주기 바란다.

조선은 북위 34도와 42도, 동경(東經) 123도와 127도[1]에 걸쳐 들어 있는 거대한 반도국이다. 북으로는 조선과 청국의 요동 지역을 가르는 압록강과 백두산(산머리가 하얀 산이라는 뜻)이 경계를 짓고, 동남쪽으로는 동해[2] 서쪽으로는 발해만(le golfe de Pet-tchi-li) 혹은 황해와 맞닿아 있다.

커다란 산맥들이 동쪽 해안에서 얼마 떨어지지 않은 거리를 두고 평행으로 내달리면서 몇 개의 주요 분맥을 만들며, 이 산맥들로부터 5개의 강과 주로 서쪽을 향하여 흐르는 무수한 하천이 발원한다. 산들은, 그중 여럿은 사화산인데, 무척 높아서 연중 상당 기간 동안 눈이 덮여 있다. 이와 관련하여 조선의 한 문헌은 백두산을 다음처럼 묘사하고 있다.

"백두산의 높이를 측정하는 것은 불가능하다. 산 정상에는 호수

---

[1] 이는 파리를 기준으로 한 경도인 듯하다. 1884년 미국 워싱턴에서 열린 '국제자오선회의'에서, 각국이 임의로 결정하여 사용하던 경도를 영국 그리니치 천문대를 통과하는 경도를 기준치로 할 것을 결의했는데, 그리니치 천문대 기준치에 따르면 한국은 경도 124도 11분과 131도 52분 사이에 위치한다.
[2] 필자는 '일본해(la mer du Japon)'라고 기록했다.

가 하나 있는데, 물색은 검으며 호수의 깊이를 측정할 수는 없다. 백두산은 음력 4월(양력 5월 말)까지 눈과 얼음이 덮여 있다. 멀리서도 눈에 띄는 하얀 산봉우리는 하늘을 향해 입을 벌리고 있는 커다란 흰 꽃병 같기도 하고 가장자리가 톱니 모양으로 들쭉날쭉한 백자 같기도 하다. 분화구는 밖에서 보면 희지만 그 안쪽은 흰색 결이 섞인 붉은 색이다. 북쪽에는 수심 1미터 되는 도랑이 있으며 이 물은 폭포를 지나 흑룡[Heuk-yeung(검은 용)]강의 원류를 이룬다. 산 정상에서 3 내지 4리(1,200 내지 1,600미터)를 흘러 내려온 흑룡강은 두 갈래로 갈라지는데 그중 하나가 압록강(Canard vert)의 원류를 이룬다."[3]

조선의 면적은 약 216,000제곱킬로미터로, 이는 프랑스 면적의 절반에 해당하는 수치이다. 인구수는 8백 내지 9백만으로 추산된다.[4] 따라서 1제곱킬로미터당 평균 인구수는 약 36명이다. 그

---

[3] 그리피스의 『은자의 나라 한국』을 보면 이와 똑같은 백두산 관련 기록이 나온다. 그는 백두산 기록의 출처가 서울 주재 중국 공사관 잡지에 수록되어 있는 기록물이라고 밝혔다. W. E. 그리피스 지음, 신복룡 역주, 『은자의 나라 한국』, 집문당, 1999, pp.42-43.

[4] 필자 주: 1793년의 인구조사에 의하면 조선의 인구수는 7,342,341명이며 그중 남자가 3,596,860명이고 여자가 3,745,481명이다.
역자 주: 그러나 이 수치는 신고한 주민의 숫자일 것이다. 1914년 근대적 인구조사 방법인 정태적 조사방법에 따른 인구수를 기준으로 역산해 볼 때 18세기 말의 인구수는 1,200만 내지 1,300만에 달할 것으로 추산된다.

러나 이 인구수도, 모든 산악국가가 그러하듯이, 매우 불균등하게 분포되어 있다. 넓은 평야지대는 인구밀도가 꽤 높은데, 특히 서해안 근처가 그러하다. 그러나 동부 지역에서는 인구밀도가 낮고 북부 지역으로 가면 주민이 거의 없다. 북부 지역의 경우, 그곳에 거주하는 주민이 많지 않은 이유는 혹한이나 결코 비옥하다고 할 수 없는 땅의 척박함 때문이 아니라 국가의 정책에서 비롯된 것이다. 조선 정부는 만주족의 침입에 대비한 국방정책으로 이 지역에 있던 4개의 마을을 없애고 그곳을 황무지로 만들어 국경을 지었다. 이런 식의 국경은 만리장성이 그렇듯이 효율성도 없을뿐더러 별나기만 할 뿐이다. 그러니까 황무지 국경이나 만리장성이나 비합리적인 걸로 말하자면 서로 우열을 가릴 수 없을 정도로 똑같다.

비록 조선은 소아시아와 같은 위도에 위치하지만 그곳만큼 기후가 온화하지는 않은 편이다. 인접국들과 마찬가지로 조선의 기후는 극과 극을 보여 여름엔 덥고 비가 많이 내리는 반면 겨울엔 건조하고 추운데, 몽골의 얼어붙은 대초원을 지나온 북동풍이 매섭게 휘몰아치는 것도 바로 이 계절이다. 일년 중 가장 날씨가 좋은 달은 9월, 10월, 11월 그리고 12월이다.

조선은 현재 8도(道)로 나뉘어져 있고 각 도의 이름은 다음과 같다.

1. 경기도

2. 충청도

3. 전라도

4. 경상도

5. 강원도

6. 황해도

7. 함경도

8. 평안도

8도는 도별 간의 중요도에서 매우 큰 차이가 나며, 각 도는 일종의 도지사격인 감사(監司)가 주재하여 다스리고 감사 밑으로는 그 도에 속한 군(郡)의 수에 비례하여 관장을 두고 있다.

조선의 정부는 세습되는 절대군주제이다.[5] 왕은 3명의 정승과 그 밑에 6명의 판서를 두고 있는데, 그들은 각각 프랑스의 정부 조직과 흡사한 부서 하나씩을 맡고 있다. 조선 왕은 청국 천자(天子)

---

[5] 쥐베르가 조선의 정부형태를 '절대군주제(monarchie despotique)'로 표현한 것은 그가 달레의 기록을 인용했기 때문인 것으로 보인다. 그러나 달레의 『한국천주교회사』 역자는 "절대군주제란 상업자본을 배경으로 하여 상비군과 관료제를 갖춘 왕정을 말하고 있는데 조선 후기의 왕권의 성격은 그렇게 파악될 수 없"기 때문에 '전제군주제(monarchie absolue)'로 표현했어야 한다고 지적한다. 달레 지음, 최석우·안응렬 공역, 『한국천주교회사』上, 한국교회사연구소, 1980, p.55, 각주 1.

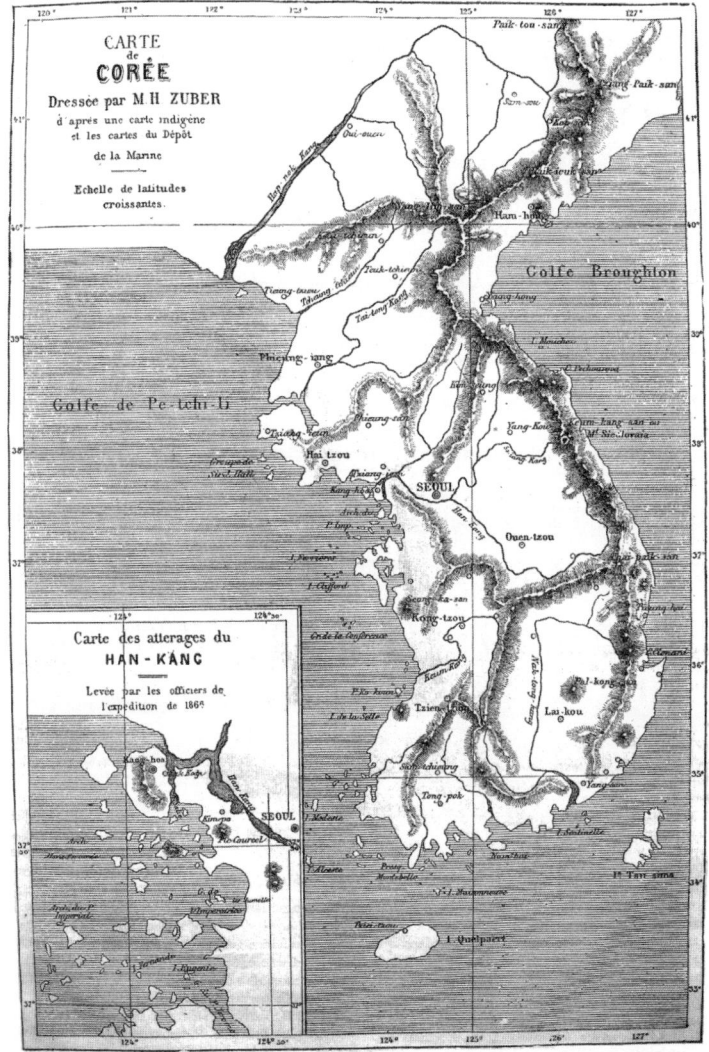

조선 전도. 그림: Zuber.

의 종주권을 인정하여 조공을 바치는데, 그것이 의무로서 조공을 바치는 것인지는 모르겠다. 해마다 조선 사절단은 두 차례 베이징을 방문한다. 첫 사절단은 책력을 받으러 가는데, 덧붙여 말하자면 이는 조선의 천문학자들에게는 결코 영예롭지 못한 일이다. 두 번째 사절단은 음력 정월 초하루에 맞추어 베이징에 도착하여 황제에게 신년인사와 종속국으로서의 예물을 바친다. 매년 사절단이 청국으로 들어갈 때면 국경 지역의 작은 마을 봉성[6] 변문(Foung-pien-men)에 큰 장이 열리는데,[7] 그때 조선의 상인들은 품질이 우수한 모피를 비롯하여 청국인들이 즐겨 찾는 유명한 인삼 등 여러 가지 물산을 가지고 와서 청국의 공산품과 교환한다. 조선은 일본과도 교역하지만 그다지 비중 있는 교역은 아니다. 이상이 조선이 이웃 국가들과 교류하는 전체 현황이다. 그러나 이러한 교류가 옛날부터 줄곧 그래왔던 것은 아니다. 이와 같은 교류는 불과 17세기 이후 혹은 그보다 훨씬 뒤에 형성된 것으로, 조선이 중국, 일본과 때로는 평화적이며 때로는 적대적인 관계를 부단히 이어온 끝에 구축된 결과이다.

---

6 만주 요녕성에 위치하고 있는 상업 도시.
7 중요한 국제 교역장소였던 책문후시(柵門後市)를 말하는 것 같다. '책문'은 조선과 중국 사이의 사실상의 국경으로 봉황성 부근에 있었다. 1년에 3,4회 상품전시회가 열렸고 조선의 사신들이 중국으로 가고 올 때 큰 시장이 열렸다.

조선은 그 지리적 위치 때문에 청국과 일본 사이에서 중재자 역할을 해왔다. 그러나 조선의 현재 문명이 이웃 국가들의 그것과 대등한 대열에 놓이지 못하는 점을 미루어 보아 조선은 지리적 장점을 충분히 이용하지 못한 것 같다.

조선이 일본과 교류하기 시작한 것은 기원전 1세기부터인데, 반도의 남쪽을 다스리던 신라의 왕자가 직접 일본의 미카도(일본 천황을 일컫는 옛 칭호)를 방문했다. 그 이후 몇 세기 동안 줄곧 조선[8] 사절단은 일본에 철학 서적과 중국의 과학 서적들, 산물들 그리고 말을 비롯한 몇 종류의 가축들을 들여보냈다. 조선은 서기 12년에 중국과의 전쟁에서 패하여 그 나라의 왕자가 중국의 황제 신왕(新王)에 의해 폐위되었다가 20여 년 뒤 광무황제에 의해 복원되었다. 이때부터 두 나라의 접전은 다시 시작되었고 조선은 수차례에 걸쳐 요동 지역을 약탈하고 초토화시켰다. 3세기의 한반도는 불운으로 점철되었다. 200년에 두 왕자가 왕위를 두고 서로 다투는 동안 일본의 진구황후(神功皇后)가 신라국 연안에 상륙하여 그를 제지하는 (신라국) 병사들을 물리치고 신라국에 공물을 부과했다.[9] 246년, 이번에는 중

---

8 원문의 'Corée'를 '조선'으로 번역했다. 쥐베르는 한국의 고대사 부분을 기술하는 과정에서 고구려, 신라, 백제를 구별없이 모두 'Corée'로 표기하고 있다.
9 필자는 일본의 식민지사학자들이 주장하는 고대 일본의 한반도 지배설인 소위 삼한정벌설[任那日本府說]을 무비판적으로 수용하여 인용했다.

국이 조선과의 전쟁에서 승자가 되어 조선을 굴복시키는 동안 일본은 한반도의 남쪽 전 지역을 점령했다. 4세기에 이르면 한반도의 북서쪽에 위치한 부여 출신의 가오(Kao)라고 불리는 사람이 권력을 찬탈하여 통일국 조선[Tcho-sen(Extreme Orient)]을 건국했는데, 그 왕국이 가오리(Kao-li)[10] 라는 이름을 갖게 되었다.[11] 그 후 가오[高]의 후손들이 서로 왕위쟁탈전을 벌였고 결국 왕관은 가오의 손자에게로 돌아갔다. 5세기에는 주목할 만한 아무런 중요한 사건이 없었다.[12] 그 동안 조선과 일본 양국은 때로는 우호관계에 때로는 적대관계에 놓이면서도 빈번하게 사절단의 교류를 가졌다. 552년에는 일본에 불교가 전파되었다.[13] 10년 뒤 전쟁이 다시 시작되어 조선은 오랫동안 중국, 일본과 대적하여 전쟁을 치르며

---

10 필자 주: 유럽에서 사용되는 꼬레(Corée)라는 명칭은 아마도 여기서 비롯된 것 같다.
11 가오리(고려)는 고구려를 의미한다. 그 당시 중국측 기록에서 고구려를 고려로 표기하는 일이 종종 있었는데 아마도 필자는 이러한 중국측의 기록을 참고했던 것 같다. 『한국천주교회사』의 저자 달레 역시 고구려를 Kao-li로 표기했다.
12 5세기는 고구려의 전성기였다. 5세기 광개토대왕과 장수왕은 적극적인 대외 팽창을 꾀하여 대규모의 정복 사업을 단행했다. 5세기의 고구려는 동북아시아의 패자로 군림하면서 만주와 한반도 북부에 걸친 광대한 영토를 차지하고 정치제도를 완비한 강대국을 형성하여 중국의 제국들과 거의 대등한 지위에서 힘을 겨루게 되었다. 이와 같은 한반도의 주체적인 역사 사건이 의도적으로 배제된 쥐베르의 서술을 통해서 다시 한 번 필자가 참고한 당시 사료의 한계가 극명하게 드러남을 엿볼 수 있다.
13 일본에 불교가 전래된 것은 552년 백제를 통해서였다. 당시 일본은 백제와 친밀한 문화 교류를 하고 있었으며 백제 성왕은 불상을 보내 불교를 받아들일 것을 권했다고 한다.

번갈아 승전과 패전을 경험했다. 663년에 신라는 결정적으로 한반도에서 일본을 몰아냈고 그 이후로 양국 관계에서 정치의 중요성은 상당히 약화되었다. 한편 고구려는 637년에 다시 중국의 침공을 받아 중국에 항복했다.[14] 그 이후로 이 나라는 이웃나라들로부터 완전히 고립된 상태에 놓이게 되었고 앞서 언급했던 바와 같이 주변 국가들과 지극히 협소한 관계를 유지해 왔다.[15]

아직까지 조선은 중국 서적들이나, 조선으로 표류해 온 한 네덜란드인이 수도에서 1년간 겪은 억류생활에 대한 보고서,[16] 그리고 선교사들과 항해자들의 간단한 기록물 몇 편을 통해 유럽에 알려진 게 고작이다. 이제 이 나라가 서구의 해양 열강들에게 문호를

---

[14] 6세기 말 고구려는 중국 대륙을 통일한 수나라와 수나라를 뒤이은 당나라와 여러 차례 전쟁을 치러야 했다. 수나라의 고구려 침공 시에는 을지문덕 장군이 살수에서 큰 승리를 거두었고(살수대첩), 당나라의 여러 차례에 걸친 침공은 모두 연개소문이 격퇴했다. 고구려가 멸망하게 된 원인은 고구려의 내부적인 문제와 신라-당나라 연합군의 공격에 있었던 것이지 수나라와 당나라의 침공을 받아서가 아니다.

[15] 필자 주: 조선의 역사 개요 부분은 동양학자 레옹 드 로니(Léon de Rosny) 씨가 특별히 제공해 준 자료에 빚졌다.
역자 주: 일본어 교수였던 레옹 드 로니(1837-1914)는 한국을 방문한 적이 없었고, 아시아 지역으로 제대로 여행을 해 본 일도 없다. 그는 프랑스에서 19세기 후반 한국의 언어, 지리, 역사에 대해 정기적으로 연구물을 발표했던 최초의 학자이다. 프레데릭 불레스텍스 지음, 이향·김정현 공역, 『착한 미개인 동양의 현자』, 청년사, 2001, p.125.

[16] 1653년 제주도 근해에 표류한 네덜란드인 하멜은 13년간 조선에 억류되었다가 1666년에 탈출에 성공했다. 따라서 1년간의 억류생활에 대한 보고서라고 기술한 것은 필자의 오류이다. 한국이 문헌을 통하여 본격적으로 서양에 알려진 것은 바로 『하멜표류기』를 통해서였다.

개방만 한다면 학자들에게는 방대한 연구의 장(場)을, 여행가들에게는 광활한 탐험지를 제공할 것이다. 조선은 전략적인 측면에서 지리적으로 유리한 위치에 놓여 있고 또 기후가 쾌적한데도 유럽 국가들의 탐욕을 피해 안전하게 남아 있으며, 그들의 정치 수단에서 벗어나 있다. 유럽의 일부 국가들이 중국과 일본에 눈길을 보냈을 때도 (그래서 이 두 나라는 얼마 전에 문호를 개방하게 되었는데) 한반도는 그 이름조차 언급되지 않았다. 어쩌면 러시아인들을 제외하면 그 누구도 이 신비로운 나라, 야만인들과의 접촉에서 숫처녀로 남아 있는 이 나라 안으로 들어갈 생각을 하지 않는 것 같다. 이렇듯 국제사회가 이 나라에 대해 관심조차 갖지 않는 동안, 항상 신앙을 전파하기 위하여 새로운 나라를 찾아 떠나는 가톨릭의 사제들만큼은 조선으로 눈길을 돌렸다.

조선에 선교사들이 처음 들어온 것은 1820년이며,[17] 그들은 1839년까지 조선에서 평화롭게 살았다.[18]

---

17 조선에 처음 들어온 선교사는 파리외방전교회의 모방 신부이다. 1831년 조선의 천주교회가 베이징교구로부터 독립되어 조선교구가 설정됨으로써 동시에 프랑스의 파리외방전교회 소속 브뤼기에르(Bruguière) 신부가 제1대 조선교구장(당시는 조선대목구장)으로 임명되어 조선 잠입을 위해 여행하던 중 조선 입국을 목전에 두고 만주에서 선종하는 바람에 그 뒤를 이은 모방 신부가 조선 잠입에 성공하여 1836년 1월 12일 처음으로 조선에 입국한 서양 선교사가 되었다.
18 조선에 잠입하여 들어온 프랑스 선교사들은 결코 평화로운 상황 속에서 전교활동을 펼

1839년은 가혹한 한 해였다. 온 나라는 기근의 고통으로 괴로웠고, 선교회측에서는 3명의 선교사가 죽임을 당하여 괴로웠던 해였다.[19] 그래도 역시 포교성성(布敎聖省)[20]의 활동이 어느 정도의 성공을 거두며 계속되자 조선에서는 포교활동을 금하는 또 다른 박해령이 내려졌다. 그러자 1847년 프랑스 정부가 개입하기로 결정했고 정부의 결정을 수행하기 위해 조선에 프리깃함 글루아르(La Gloire)호와 기함 빅토리외즈(La Victorieuse)호를 파견했다.[21] 그

칠 수 없었다. 그들은 사목활동을 위해 장소를 이동할 때는 신분이 노출되지 않도록 상복을 입어 얼굴을 숨기고 주로 밤 시간을 이용했다.

19 1839년(기해년, 헌종 5년)에 일어난 천주교 탄압을 말한다. 이 기해박해(己亥迫害) 때에 파리외방전교회 소속 3명의 선교사(모방, 샤스탕 신부와 제2대 조선교구장 앵베르 주교)를 비롯하여 119명의 천주교 신자들이 죽임을 당했다.

20 현재의 인류복음화성성을 말하며, 교황청 국무성성 산하의 행정기구로서 포교지의 교회를 돕고 감독하는 업무를 담당한다.

21 기해박해로 수많은 조선인 천주교 신자들을 비롯하여 프랑스 선교사 3명이 살해되자 프랑스 정부는 자국인 선교사 학살의 해명을 요구하기 위해 1846년(헌종 12년)에 극동의 프랑스 함대를 조선 해안에 파견했다. 당시 '재중국 및 인도 프랑스 함대 사령관' 해군소장이었던 세실(Cécile)이 클레오파트라(Cléopâtre)호를 이끌고 5월 20일 마카오에서 출항, 도중에 빅토리외즈호 및 사빈느(Sabine)호와 합류하여 8월 2일에 제주도를 거쳐 외연도 부근에 정박했다. 처음에 세실은 조선국 재상과 면담하고 선교사 학살의 해명을 요구할 예정이었으나 클레오파트라호로서는 서해안을 항해하기가 어려웠고 무엇보다도 수도에 이르는 하구(河口)를 발견할 수 없었으므로 면담을 포기하고 치서(致書)로 만족해야 했다. 세실 제독은 외연도 도민에게 자신의 서한을 재상에게 전달해 달라고 요구했으나 도민들이 이를 거절하자 봉서(封書)를 섬에 놓고 돌아갔다. 세실의 봉서의 요지는 "불법적으로 입국한 중국인, 만주인, 일본인 등은 소송에 부치면서 프랑스인만은 왜 이 법을 적용하지 않았는가. 올해 회서를 받으러 다시 올 것이다. 이후 다시 이 같은 학행(虐行)을 일삼는다면 큰 재해(災害)를 면치 못할 것이다."라고 했다. 세실은 남하하면서 해안을 계속 탐험

러나 불행하게도 이 두 군함은 정보를 충분히 갖추지 못한 탓에 난파했다. 탑승원들은 무기와 식량을 챙겨 고군산도의 어느 작은 섬에 안착할 수 있었다. 그들은 그곳에서 두 명의 용감한 장교를 상하이로 보내 구조를 청하여 기다리고 있다가 구조차 파견된 영국 선박에 승선했다.[22]

1856년 비르지니(La Virginie)호의 함장 게랭(Guérin) 사령관에게는 운이 조금 더 따랐다. 그는 남양만(le golfe du Prince Jérome)과 덕적군도(l'archipel du Prince Impérial)를 발견했던 것이다.[23] 그러나 조선의 수도로 들어가는 길을 찾아내려 했던 그의 노력은 아무런 성과를 얻지 못했다. 그는 조선인들로부터 아무

했고, 특히 사빈느호의 게랭(Guerin) 함장은 소흑산도 일대의 지도를 작성했다. 조선 정부는 세실의 서한을 접하고 청국에 주문(奏聞) 여부를 거론하기도 했으나 영의정 권돈인(權敦仁)의 반대로 보류되었다. 1847년(헌종 13년)에 세실의 후임인 라피에르[Lapierre, 랍별이(拉別耳)]가 조선 정부의 회문을 받기 위해 글루아르호와 빅토리외즈호를 이끌고 서해안에 다시 나타났다. 한국교회사연구소 옮김, 『한불관계자료(1846-1856)』, 교회사연구 제1집, 1977년 5월, p.151, 163.

22 1847년 8월 10일, 두 군함은 만경 지방 신치도[薪峙島, 고군산도의 하나로 군산과 부안 사이에 있는 섬이며, 현재의 신시도(新侍島)를 말함] 부근에서 강풍을 만나 암초에 부딪쳐 침몰했다. 이때 2명이 익사했고 나머지 560명은 인근 고군산도에 낙착(落着)했다.

23 프랑스 해군국 식민부 장관은 1855년 10월 19일자 지급편으로 인도차이나 기지 사령관에게 조선의 산물과 자원, 사회상황 등에 관한 확실한 정보 및 앞으로 조선을 식민지화하기 위한 조건과 기회에 관한 정보를 제출할 사명을 내렸다. 게랭 사령관은 조선 해안 탐험의 임무를 수행하기 위하여 1856년 7월 16일 비르지니호를 이끌고 와서 동해안 영흥만부터 시작하여 남해안을 거쳐 서해안 덕적군도에 이르는 약 2개월간의 탐험을 실시했다.

것도 얻어내지 못한 채 조선의 해안을 떠나야 했다.[24] 필자도 직접 확인할 수 있었는데, 범선 한 척만으로 이 원정을 수행하기에는 게 랭 제독의 정력과 실력이 좀 모자라 보였다.

모든 일이 평안을 되찾고 그 누구도 더 이상 조선에 대해서 생각하지 않고 있을 즈음, 1866년 3월 한 달 동안에 9명의 선교사가 조선에서 처형되었다는 소식이 중국에 들려왔다. 이 사건은 러시아인들이 동해 연안 지역에 해외상관(établissement)을 세우기 위해 취한 행동[25]에 뒤이어 일어났다. 박해에서 살아남은 선교사들[26]의 말에 의하면, 조대비가 양자로 삼아 왕위를 물려 준 어린 왕의 부친 대원군[27]이 러시아인들이 출몰할 당시 베르뇌 주교[28]를 불러오게 했다는 것이다. 그는 전쟁을 유발하지 않으면서도 서양 오랑캐를 쫓을 방법을 주교와 의논하고 싶었던 것이다. 그러나 대원군이

---

[24] 게랭은 조선 해안을 탐험하는 동안 조선 주민 및 관리들과 여러 차례 접촉을 가졌다.
[25] 러시아 선박은 1864년 2월과 1865년 11월 두 차례에 걸쳐 두만강 연안에 나타나 통상과 러시아 상인들이 조선에 거주할 수 있는 권리를 요구했고 동시에 이 요구를 독촉하기 위해 몇 명의 병사를 함경도 국경에 보낸 적이 있다.
[26] 칼레, 페롱, 리델 신부 들을 말한다.
[27] 원문의 'le Prince Régent(섭정)'을 모두 '대원군'으로 번역했다.
[28] Berneux, Siméon François[한국명은 장경일(張敬一), 1814-1866]. 파리외방전교회 선교사. 제4대 조선교구장. 1856년 조선에 잠입하여 10년 동안 선교활동을 펼치다 1866년 3월 7일 새남터(현 서울시 용산구 이촌2동에 위치)에서 군문효수형을 받고 순교했다. 배론신학교를 세우고 서울에 2개의 인쇄소를 차렸다.

서울로 주교를 불러 올린 사이에 러시아인들이 자발적으로 물러갔다. 러시아인 문제에 대해서는 완전히 마음을 놓을 수 있게 되어 더 이상 선교사들의 조언이 필요 없어진 대원군은 그들을 제거하기로 결정했다.

3월 8일[29] 베르뇌 주교를 비롯한 드 브르트니에르,[30] 도리,[31] 볼리외[32] 등 4명의 선교사가 참수를 당했고, 11일에는 프티니콜라,[33] 푸르티에[34] 신부가 참수형을 받았다. 그리고 30일에는 다블

---

29 조선측 기록에 의하면 양력 3월 7일(음력 1월 21일)이다.
30 Bretenieres, Simon Marie Antoine Just Ranfer de[한국성은 백(白), 1838-1866]. 파리외방전교회 선교사. 1865년 5월 볼리외, 도리, 위앵 신부 등과 함께 충청도 내포를 통해 조선에 잠입하여 선교활동을 펼치다 1866년 3월 7일 새남터에서 군문효수형을 받고 순교했다.
31 Dorie, Pierre Henri[한국성은 김(金), 1839-1866]. 파리외방전교회 선교사. 1866년 3월 7일 새남터에서 군문효수형을 받고 순교했다.
32 Beaulieu, Bernard Louis[한국명 서몰례(徐沒禮), 1840-1866]. 파리외방전교회 선교사. 1866년 3월 7일 새남터에서 군문효수형을 받고 순교했다.
33 Petitnicolas, Michel Alexandre[한국명 박덕로(朴德老), 1828-1866]. 파리외방전교회 선교사. 1856년 3월 베르뇌 주교, 푸르티에 신부와 함께 조선에 잠입했다. 1862년부터는 배론신학교의 교수로 재직했고 1866년 신학교 교장 푸르티에 신부와 함께 체포되어 3월 11일 새남터에서 군문효수형을 받고 순교했다.
34 Pourthié, Jean Antoine[한국명 신요안(申妖案), 1830-1866]. 파리외방전교회 선교사. 1856년 조선에 잠입, 충청도 배론의 성요셉신학교 교장으로 신학생 양성을 위해 일했다. 1866년 3월 11일 새남터에서 군문효수형을 받고 순교했다.

뤼,³⁵ 위앵,³⁶ 오메트르³⁷ 신부 들이 이 박해의 유럽인 희생자 명단에 추가되었다. 조선인 입교자들 역시 박해를 당했으나 그들이 받은 박해는 훨씬 덜 가혹했다.³⁸ 그러나 3명의 선교사 페롱,³⁹ 칼레,⁴⁰ 리델⁴¹ 신부 들은 박해를 피해 목숨을 건졌다.

---

35 Daveluy, Marie Nicolas Antoine[한국명 안돈이(安敦伊), 1818-1866]. 파리외방전교회 선교사. 제5대 조선교구장. 1845년 10월 조선에 잠입했고 1857년 3월 25일 서울에서 승계권을 가진 보좌 주교로 서품되었다. 그는 1856년부터 조선 교회사 및 조선 순교사 사료를 본격적으로 수집하기 시작하여 1862년에는 그동안 수집·정리해 온 자료들을 파리외방전교회 본부로 보냈는데, 이 자료들이 바로 "다블뤼 비망기"라고 불리는 것이다. 달레 신부는 이 자료를 바탕으로 하여 1874년에 『조선천주교회사』를 간행했다. 1866년 3월 7일 베르뇌 주교가 순교하자 다블뤼 주교는 자연히 조선교구장직을 승계하여 제5대 조선교구장이 되었으나 그 역시 같은 해 3월 30일 갈매못(현 충남 보령군 오천면 영보리에 위치)에서 군문효수를 당했으므로 그의 교구장 재임 기간은 23일에 불과하다.
36 Huin, Martin Luc[한국성은 민(閔), 1836-1866], 파리외방전교회 선교사. 1865년 5월 27일 조선에 잠입하여 충청도 지방에서 전교하던 중 1866년 병인박해가 일어나 3월 11일 다블뤼 주교가 체포되자 오메트르 신부와 자수, 3월 30일 갈매못에서 군문효수형을 받고 순교했다.
37 Aumaitre, Pierre[한국성은 오(吳), 1837-1866]. 파리외방전교회 선교사. 1863년에 조선에 잠입하여 전교활동을 펼치다, 1866년 3월 30일 갈매못에서 군문효수형을 받고 순교했다.
38 이 부분은 필자의 오류이다. 병인박해의 영향은 프랑스 선교사들과 마찬가지로 조선인 신자들에게도 가혹했다. 그들 역시 프랑스 선교사들과 똑같은 방식으로 사형에 처해졌다.
39 Féron, Stanislas[한국성은 권(權), 1827-1903]. 파리외방전교회 선교사. 1857년 조선에 잠입했다. 1866년의 박해에서 요행히 살아남은 페롱 신부는 2년 뒤 오페르트와 함께 남연군 묘를 도굴하러 다시 서해안으로 들어왔다가 실패하고 중국으로 돌아갔다. 그 후 본국으로 송환되었다가 1870년 인도의 퐁티세리로 배속되어 갔다.
40 Calais, Alphonse[한국성은 강(姜), 1833-1884]. 파리외방전교회 선교사. 1861년 4월 7일에 조선에 잠입했다. 주요 저술로 『강신부 훈계』(필사본)가 있다.
41 Ridel, Felix Clair[한국명 이복명(李福明), 1830-1884]. 파리외방전교회 선교사. 조선교구 제6대 교구장(1869-1884). 1861년 3월 31일에 조선에 잠입했다. 병인박해 때 피

11명의 조선인 신자들과 함께 작은 배를 타고 중국에 도착한 리델 신부는 조선에서 일어난 슬픈 소식을 알렸다. 중국 해안에서 프랑스 순양함대를 지휘하던 함장은 이 소식을 듣자마자 군대를 파견하기로 결정했다. 그러나 코친차이나에서 반란이 일어나 제독의 프리깃함 출동을 요구했기에 조선 원정은 9월까지 지체되었다.

  이제부터 필자는 독자에게 극동에 위치한, 잘 알려지지 않은 한 나라 안에서 펼쳐졌던 군사작전에 대해서 서술하고자 한다. 필자는 군사적 사건들은 가볍게 훑으면서 특별히 지리와 경치를 상세하게 기술하려고 한다. 1866년 9월 12일, 로즈 제독이 지휘하는 프랑스 분함대 군함들이 중국의 체푸(芝罘)[42]항과 마주하고 있는 작은 섬 공동(岬峒, Kung-Tung) 앞에 집결했다. 그들은 그곳에서 군수품을 보충하고 준비 사항을 마지막으로 점검하기 위해서 매우 분주한 움직임을 보였다. 18일, 보세 함장이 지휘하는 기

  신하여 체포를 면하자 박해로 인한 조선교회의 참상을 알리고 새로이 성직자를 청하고자 중국으로 탈출하여 중국 체푸에 도착해서 프랑스 함대 사령관 로즈를 만나 구원을 요청함으로써 병인양요의 단초를 제공했다. 그는 최초의 한불사전인 『한불자전』(1880)과 최초의 문법서 『한어문전』(1881)을 일본 나가사키에서 출판했으며, 1878년에 5개월 동안 포도청에 투옥된 자신의 체험담을 수기로 남기기도 했다.
42 현재의 옌타이(煙台).

함 프리모게호, 리시(Richy) 함장이 지휘하는 통보함 데룰레드(Déroulède)호, 그리고 샤누안느(Chanoine) 함장이 이끄는 포함 타르디프(Tardif)호, 이 3척의 군함이 조선 해안을 향하여 출항했다. 로즈 제독은 불확실한 항해로 함대 전체를 위험에 맞닥뜨리게 하지 않으려고 항해 중에 극복해야 할 난관들을 정확하게 파악하고자 했다. 그 다음날 정오에 게랭 제독이 이미 측정한 적이 있는 페리에르(iles Ferrières) 군도[43]를 확인할 수 있었고, 모든 협로를 무사히 통과하고 나서 저녁이 되자 남양만 깊숙한 곳에 정박했다. 정박지와 이웃하고 있는 불모의 작은 무인도에 황후의 이름을 붙이고[44] 그곳을 향후 전개될 모든 해상작전의 기지로 삼았다.

그 이튿날 데룰레드호는 리델 신부와 그를 수행하여 함께 중국에 왔던 조선인 몇 명을 태우고 한강의 입구를 찾기 위해 떠났다. 현지인이 탑승한 덕분에 데룰레드호는 몇 시간 만에 임무를 완벽하게 수행할 수 있었다. 데룰레드호는 21일 저녁에 더할 나위 없이 소중한 정보를 수집하여 돌아왔다. 이야기를 더 진행시키기에 앞서 이 지역의 지형을 간단히 살펴볼 필요가 있다.

한강은 동쪽의 큰 산맥에서 발원하여 북서쪽으로 흐른다. 조선

---

43 대령도(大鈴島), 가덕도(駕德島), 대덕도(大德島) 등으로 이루어진 군도.
44 입파도(立波島). 프랑스인들은 유제니(Eugénie)섬이라고 불렀다.

의 수도 서울은 한강 입구에서 내륙으로 100리 안쪽의 강 오른쪽에 위치하고 있다. 한강은 바다로 흘러 들어가기 전, 면적이 400제곱킬로미터 되는 섬 강화도에서 두 지류로 갈라진다. 두 지류 중 하나는 곧장 서쪽으로 흐르는데, 유럽 선박으로는 그곳에 접근할 수 없다. 다른 쪽의 지류는, 물이 아주 짭짤해서 현지인들이 염하(鹽河)라고 이름을 제대로 잘 붙였는데, 북쪽에서 남쪽으로 흐른다. 이 지류는 강화도와 남양만 사이로 약 50킬로미터에 걸쳐 박혀 있는, 무려 142개는 족히 될 듯한 크고 작은 섬과 섬 사이를 돌아 흐르다 바다로 들어간다. 이 지역의 유속(流速)이 시속 7해리(약 13킬로미터)에 달한다는 사실을 알게 된다면 이 지역을 항해할 때 어떤 난관에 부딪히게 될지 어렴풋이 짐작할 수 있으리라. 다행히 썰물 때가 되면 군도의 수많은 섬들이 드넓은 회색 진흙 갯벌로 서로 연결된다. 그때의 광활한 회색 갯벌은 보는 이에게 몹시 우울한 풍경을 자아내면서도 한편으로는 수로를 짐작할 수 있게 해준다. 강바닥의 이 퇴적물 덕분에 항해 때 저 무서운 미궁 속에 빠져 길을 잃을 위험이 훨씬 적어지는 것이다. 그러나 그것으로 인해 수톤짜리 대형선박으로 한강 진입이 갈수록 어려워지는 것은 아닌지 염려가 된다.

 9월 22일, 물길 안내를 맡은 데룰레드호를 비롯한 군함 3척은

강화 요새 갑곶 상륙.

수로에 진입하여 북쪽으로 항진했다. 사방에서 몰려온 조선인들이 산꼭대기에 모여 물살을 거슬러 올라오는 우리의 괴력의 기선들을 감탄과 두려움이 섞인 시선으로 뚫어지게 쳐다보았다. 이제껏 그 어떤 배도 감히 하류(河流)와 맞서 거슬러 올라온 적이 없었을 것이다. 세계로부터 자처해서 고립되어 살아가면서 그 안에서 자신들만의 과장된 사고를 키우고 있는 이 나라 백성은 유럽 과학의 기발한 산물 하나가 느닷없이 자기네들 눈앞에 나타나자 야릇한 생각이 들지 않을 수 없었을 것이다.

풍경은 대체로 밋밋한 편이었다. 우리의 오른쪽 해안가에는 불에 탄 민둥산들이 감탄이 절로 나올 만큼 청명한 하늘에 비끼어 있었고, 왼쪽에는 섬들이 끝도 없이 열을 지어 늘어서 있으면서 간혹 저들 사이로 수평선을 빠끔히 드러내곤 했다. 왕관을 씌워놓은 것처럼 나무들이 산머리를 두르고 있는 것도 띄엄띄엄 보였는데, 그 관목 수풀이 조선인들 눈에는 신성해 보이는지 그들의 전설에 따르면 그곳에 나라를 지켜주는 수호신이 살고 있다고 한다. 우리가 항진하는 방향으로 촌락 몇 군데가 있었는데, 그 촌락들은 모두 한겨울이면 무섭게 몰아치는 북서풍을 피해 안전한 곳에 자리를 잡고 있었다. 마지막 촌락을 지나고 얼마 가지 않아 벌써 염하에 꽤 깊숙이 들어섰을 때 프리모게호가 암초에 부딪혀 가(假)용골을 잃고 말았다. 별로 대수롭지 않은 것이었지만 이 좌초로 답사가 중단되었고 다음날 다시 계속되었으나 그때는 작은 선박 2척만 떠났다. 기함은 매력적인 어느 섬 근처에 정박하고 있었는데, 그 매력적인 섬은 섬 발치에서 꼭대기까지 숲이 우거져 있었다.[45]

25일, 타르디프호와 데룰레드호가 주민들로부터 큰 위협을 받지 않고 서울에서 가까운 항구에 닿았다. 거기까지 닿는 동안 비록 심각한 위협은 없었을지언정 큰 난관들을 뛰어넘어야 했고 암초에 걸리는 사고도 적지 않게 있었다. 그러나 그동안 수고하고 전력을 기울인 데 대한 보답은 분명 있었으니, 사상 처음으로 유럽 선박이 극동에서 세 번째 가는 나라의 수도 앞에 정박한 것이다.[46]

우리의 선박이 목적지에 닿을 즈음에 작은 배 몇 척이 우리의 진로를 방해하려 하기에 함포(艦砲)를 몇 발 쏘아 그들을 흩어지게 할 수밖에 없었다.[47] 이 사건이 있은 뒤에 자칭 '백성의 벗'이라

---

45 프랑스인들은 이 섬을 Boisée섬이라고 명명했는데, 물치도[勿淄島, 오늘의 작약도(芍藥島)]를 말한다.
46 양화진, 서강까지 거슬러 올라갔다.
47 『조선왕조실록』 고종 3년 8월 18일자에는 당시의 상황이 다음과 같이 기록되어 있다. "조선 조정에서는 어영중군(御營中軍) 이용희(李容熙)에게 명하여 표하군(標下軍) 및 훈국마군(訓局馬軍) 2초(哨, 1哨는 99명), 보군(步軍) 7초(哨)를 거느리고 강상(江上)을 방수(防守)하게 했다. 타르디프호가 항로를 따라 올라가자 조선군이 화전(火箭)과 총으로 공격을 가했으나 프랑스 군함에는 미치지 못했다. 타르디프호의 12포와 데룰레드호의 14포가 조선군을 향하여 일제히 사격을 가하자 조선군은 퇴거했다."

는 한 관리가 도무지 공한(公翰)이라고 할 수 없을 서한 한 장을 데룰레드호 선상으로 가져왔다. 그 서한을 대충 훑어보니 나름대로의 특성을 띠고 있는 듯했다. 그 내용을 번역하면 다음과 같다.

"이제 그대들이 이 보잘것없는 소국의 강산을 보았으니 부디 돌아가 주시오. 그리하면 우리의 온 백성이 기뻐할 것이외다. 제발 그대들이 우리에게서 눈길을 돌려 주기만 한다면, 그래서 우리 마음 속에 품고 있는 모든 의심과 의혹들을 몰아내 준다면 그것으로 그대들은 우리를 더없이 행복하게 해 주는 것이외다. 감히 천 번, 만 번을 청하는 바이오니, 그대들이 우리의 청을 들어 주리라 믿겠소이다."

이 겸손한 간청은 백성의 크나큰 공포를 드러낸 것인데, 이는 십중팔구 정부측의 두려움을 반영한 것이기도 했다. 우리는 관장을 안심시켰고, 정찰선은 그 지역에서 단 며칠 동안 정박하면서 수심을 측정하고 조사를 했다. 수도는 강에서 약 4분의3 리유[48] 떨어져 있어서 가까이 볼 수가 없었다.

서울은 먼 바다에서도 보이는 높은 산 아래에 위치하고 있다. 아홉 군데 출입문이 나 있는 기다란 성벽이 서울을 완전히 둘러싸

---

48 1리유(Lieue)가 약 4킬로미터이므로, 위에서 말한 거리는 약 3킬로미터 정도 될 것이다.

고 있고, 작은 강 줄기 하나가 도시 한복판을 관통하고 있다. 궁궐과 정부 관사가 자리 잡고 있는 직사각형의 구역은 벽과 외호(外濠)로 서울의 나머지 구역과 분리되어 있다. 그나마 호사를 부렸다고 할 수 있는 곳은 그 구역뿐이니, 도시라고 해서 조선의 비참한 일반 마을과 별반 다를 것이 없으며 차이가 있다면 고작 일반 마을보다 규모가 좀 더 크다는 것뿐이다.

다음 날 데룰레드호와 타르디프호는 한강을 따라 내려오며 계속 수로를 측량했고 모든 자연물을 관찰하여 수집했다. 두 군함은 강화 가까이서 한 차례 총격을 받은 뒤 9월 30일에 프리모게호와 합류했다.

그 며칠 동안 정박지에 머물고 있던 기함 프리모게호 역시 나름대로 곤란을 겪었다. 프리모게호가 작약도에 정박한 그날 저녁 사주에 걸렸던 것이다. 조수에 관한 아무런 정보도 확보하지 못한 채 수심 15미터 정도면 정박하기에 더할 나위 없이 안전하다고 확신했던 것이 오산이었다. 프리모게호가 닻을 내리고 얼마 있다가 간조 때가 되자 수심은 겨우 4미터에 지나지 않았다. 따라서 간만의 차가 수심 11미터나 된 셈이니, 비록 추분 때이며 달이 합을 이룬 상태라고 해도 이것은 엄청난 차이였다. 상황은 긴박했다. 기함의 양 측면을 지탱하기 위해서 활대를 이용해서 배의 버팀대로 급히 받쳤다. 저 칠흑 같은 어둠은 작업현장을 한층 더 어렵고 위험하게 만들었다. 이미 오랜 기간 종군했던 전적이 있는 선원들이 이번 상황에서 재빠르게 대처한 덕분에 좌초 사고는 치명적인 결과를 초래하지는 않았다. 기함은 손상된 의장(艤裝)과, 활대가 떨어져나가 뼈대를 드러낸 돛대로 꽤나 스산한 모습을 한 채 다음 번 밀물을 이용하여 정박지를 바꾸었다. 그리고 차후엔 분별 있게 닻을 내리기로 했다.

25일에는, 전형적인 중국 선박들이 그러하듯, 우아한 멋이라고는 도무지 없이 조잡하기 이를 데 없는 큰 범선이 프리모게호에 접근했다. 그 배에는 연로하여 허리가 굽은 관리 한 명과 주민으로 보이는 남자 40여 명이 타고 있었다. 우리는 아직 선전포고를 하지 않은 상태여서 그 사람들 모두에게 우리 배의 갑판에 올라오라고 허락했다. 그러면서도 우리는 어느 정도의 대비를 취했다. 주민들이 순진한 호기심으로 대포, 밧줄, 해양 나침반 등을 이리저리 살펴보고 마스트의 굵기 앞에서 넋을 잃고 있는 동안 관리와 우리의 함장은 중국인 요리사의 통역을 거쳐 이야기를 나누었다. 식재료 값을 속이는 데 아주 능숙한 중국인 요리사는 프랑스 말을 할 줄 알았다. 그래서 그는 프랑스 함장의 말을 통역하여 한자로 써서 관리에게 전했다. 표의문자인 중국의 한자는 극동 지역의 거

조선인. 좌측부터 일반인, 궁수, 관장, 보병. 크로키: Zuber.

1. 쥐베르의 조선 원정기   37

의 모든 백성들에게 통용된다. 바로 이 한자 덕분에, 5억이나 되는 다양한 국가와 민족의 사람들이 전혀 다른 언어를 구사하면서도 서로 소통할 수 있는 것이다.

다시 관리의 이야기로 돌아와서, 그는 서로 수인사를 하고 난 뒤 왜 우리가 조선에 왔는지 굳이 알고 싶어 했다. 우리는 며칠 후에 있게 될 월식을 관측하는 것이 유일한 목적이라고 대답했다. 그러나 그는 이러한 대답에 만족하는 것 같지는 않았다. 그래서 그에게 군함 전체를 구경시키며 그의 근심을 덜어 주려고 애써 보았지만 효과는 없었다. 그 와중에 그는 기계에 관심을 두어 기계를 돌리려면 남자가 몇 명이나 필요한지 물어왔다. 우리는 그를 이해시키려고 갖은 노력을 다 쏟았지만, 압축된 수증기는 어마어마한 힘을 발휘하기 때문에 그것이 사람의 팔보다 훨씬 낫다는 것을 이해시킬 수는 없었다. 상대가 아무리 관장이라 할지라도 그에게 과학 지식을 쉽게 이해시키기란 그리 쉬운 일은 아니다.

다음날부터 매일 조선인들이 찾아왔다. 우리가 그들을 전혀 해치지 않는다는 것을 알자 그들은 소심했던 태도를 버리고 교육이 부족해 비롯되는 행동의 결점들을 드러냈다. 과연 그들의 행동거지는 일본인들의 품위나 세련된 예의와 거리가 멀고 중국인들의 아첨과도 달랐다. 그들은 거칠고 조심성 없으며 아주 불결하다. 그렇기는 하지만 그들은 가르강튀아[49]에게나 어울릴 만한 거대한 부채라든가 황소 등을 우리에게 선물하는 선량한 마음을 지녔다. 우리는 황소를 선상으로 끌어올리느라 갖은 고생을 다했다. 우리는 그것의 대가로 돈을 지불하려고 했지만 그들은 단호하게 거부했다. 정박지에서 보낸 바로 이 며칠 동안 나는 더욱 쉽게 우리의 미래의 적들을 관찰할 수 있었다. 나는 매일 그들을 보았다. 그들은 갑판 위로 올라오기도 하고 뭍에 서 있으면서 내가 파고(波高)를 측량하기 위해서 사용하는 기구들을 호기심에 차서 만져 보기도 하고 두려움과 선망 어린 시선으로 바라보기도 했다.

조선인들은 몽고족의 한 분파에 해당한다. 그들의 모습은 타타르인에 훨씬 가까워서 코가 납작하고 광대뼈가 나왔으며 눈이 약간 가늘고 피부색은 노랗고 머리카락은 아주 까맣다. 그들은 일반적으로 키가 크고 힘이 매우 세다. 그리고 산 속을 뛰어다녀야 하는 생활에 익숙하다 보니 날렵하기가 이를 데 없으며, 유난히 산을 좋아해서 산 정상에서 자주 모이기도 한다. 우리는 훗날 벌어진 교전에서 그들의 날렵함을 여러 차례 확인할 수 있었다. 조선인들은 성품이 온순하다. 교육은 별로 받지 못했지만 거의 모든 사

---

49 프랑스의 작가 라블레(F. Rabelais)의 풍자소설 속 주인공으로 체력과 식욕, 지식욕이 강한 거인이다.

람들이 읽고 쓸 줄 안다. 그들은 아주 검소하게 살아간다. 쌀이 주식이라 대부분 벼농사를 짓고, 밥과 함께 소금에 절여 말린 생선을 주로 먹는다.

　조선인들의 복식에 대해서 말하자면, 남자들의 경우 평민들은 모두 통이 넓은 바지를 입고 발목 위 부분을 댓님으로 묶는다. 그리고 그 위에 어깨 쪽을 부풀리고 소매통이 넓은 긴 상의를 걸치고 허리띠로 조인다. 의류의 원료는 국내에서 생산되는 흰 면포이다. 기혼 남자들은 머리카락을 모두 정수리까지 틀어 올려 똬리를 틀어서는 말총 비슷한 아주 가느다란 실로 만든 머리띠로[50] 묶는다. 그리고 그 위에 역시 대나무로 짠 커다란 모자로 머리를 덮는데, 머리가 그 안에 들어가지 않으므로 끈을 달아 턱밑에서 묶어 모자를 고정시킨다. 결혼하지 않은 총각들은 중국인들처럼 머리를 길게 땋아 늘어뜨리지만 중국인들처럼 머리를 면도하지는 않는다. 신발은 짚을 꼬아 삼았거나 끈을 엮어 만든다. 신발의 선은 앞부분의 살짝 들려 올라간 코에서 끝나는데, 그 선이 아주 우아하다. 오로지 관리들과 양반들만이 채색된 의복을 입을 권리를 가지며 비단옷 역시 그들만의 전유물이다. 반면 여성들은 치마 위로 걸치는

---

50 성인 남자가 상투를 틀 때 머리털을 위로 걷어 올리기 위해 이마에 두르는 망건을 말함.

조선인들. 데생: Zuber.

짧고 소매통이 좁은 저고리를 짓는 데 색깔이 들어가고 비단으로 된 천을 사용할 수 있다. 조선의 여성들은 현명하여 스스로 발을 손상시키는 일[51]은 하지 않으며 머리 모양에서는 독창적인 아름다움이 엿보인다. 뒤에서 머리를 양 갈래로 갈라 땋고는 터번을 두르듯 머리에 돌려 얹어 비녀로 고정시키는데, 머리에 꽂힌 금비녀나 칠보가 박힌 은비녀는 아름다운 머리장식품이 된다. 조선의 여성은 중국 여성보다 훨씬 행복한 생활을 영위한다. 조선의 여성들은 어느 정도의 자유를 누리고 있는데, 혹자는 조선의 여성들이 너무 쉽게 그 자유를 남용한다고 주장하기도 한다.

조선에는 불교가 널리 퍼져 있다. 그런데도 사찰은 이웃 국가들에 비하면 극히 드문 편이다. 우리가 조선에 있는 동안 본 사찰이라고는 겨우 두 개뿐이었는데, 그것도 지극히 단순한 모습이었다. 반면에 중국이나 일본에서는 한 발짝만 옮겨도 부딪히는 것이 사찰이다.

조선의 사회조직 구조는 중국의 체제와 일본의 체제를 섞은 혼합체처럼 보인다. 세습되는 양반계급은 이 체제 안에서 어느 정도의 혜택을 누리는데, 보아하니 그들이 마땅히 혜택을 받을 만큼의 공헌을 하는 것은 아닌 모양이다. 그러나 행정관과 군부의 관료는

---

51 중국의 옛 풍습인 전족(纏足)을 말한다.

시험을 통해 뽑힌다. 이 두 체제가 어떻게 나란히 병행될 수 있는지. 우리로서는 알 수가 없었지만, 우리가 보기에 이러한 상태는 많은 갈등을 빚어낼 것 같다. 양반계급이라고 해서 항상 부와 연결되는 것은 아니다. 예전 명문가의 후손이면서 일종의 약탈 이외에는 달리 재산을 부릴 방도가 없는 사람이 한두 명이 아니라는 말을 들었는데, 백성은 그들의 약탈에 대해서 지극히 관대한 모양이다. 양반에게 육체노동은 대단히 치욕스러운 일이기 때문일 것이다. 조선에는 시파와 벽파가 있는데, 좁은 의미로 보자면 두 말 할 것도 없이 프랑스의 자유주의파와 보수주의파에 해당될 이 두 파는 끊임없이 세력 다툼을 한다. 최근의 몇 년 전부터는 벽파가 우세해왔다.

10월 3일 아침, 파견된 3척의 군함은 더할 나위 없이 대담한 정찰을 마친 덕분에 많은 성과물을 확보하여 체푸로 귀항했다. 그로부터 일주일 뒤, 군함 7척으로 구성된 전함대가 조선을 향해 출항했다.[52] 그

---

52 10월 11일(음력 9월 3일) 프랑스군은 조선 침공 작전을 세워 중국의 체푸를 출항했다. 이때 동원된 함대의 구성은, 기함 게리에르호, 소해정 프리모게호와 라플라스(Laplace)호, 포함 타르디프호와 르브르통(Le Brethon)호, 통보함 데룰레드호와 켠찬(Kien-Chan)호로 되어 있다. 그리고 데룰레드호에는 8척의 보트와 2척의 '란치'가, 켠찬호에는 5척의 보트 등이 탑재되어 있었다.

날, 군함 3척이 앞서 기술한 숲이 우거진 작은 섬[53]에 먼저 당도하여 한강 진입을 위한 마지막 점검을 했다. 그리고 그 이튿날 4척의 작은 함정이 상륙 수병대를 태운 소형 보트들을 거느리고 염하에 들어섰다.[54] 다시 한 번 흰 옷의 조선인들이 언덕 위로 모여들었다. 그들은 웅성거리며 무척 불안해하는 모습이었다. 그들이 불안해할 만도 했다. 함대는 강화의 항구 중에서 한강이 갈라지는 지점에서 가장 가까운 갑곶이 마을 앞에 정박했다.

염하는 평균 폭이 대략 1천 미터나 되며 강바닥에는 모래와 암초가 깔려 있다. 염하에는 강굽이가 여러 군데 있는데, 그중 한 곳은 항해를 어렵게 할 정도로 굽이가 꽤나 급하다. 대체적으로 강굽이마다 물살이 매우 세다.

강화도에 속하는 서안(西岸)은 한쪽 끝에서 다른 쪽 끝까지 총안을 낸 성벽으로 보강되어 있고 성벽을 따라서 대부분 고지 위에 축조한 작은 요새들이 나란히 세워져 있다. 그러니 이 통로를 뚫고 진입하는 데에는 상당한 어려움을 겪을 것 같았다. 실제로

---

53 île boisée, 물치도(오늘의 작약도).
54 14일(음력 9월 6일) 아침 6시 로즈는 대형 군함 게리에르호, 라플라스호, 프리모게호 등은 물치도에 두고, 타르디프호, 데룰레드호, 르브르통호, 켠찬호와 육전대(陸戰隊)를 실은 많은 종선(從船)을 이끌고 강화도 갑곶진으로 향했다. 육전대는 3종대로 구성되어 있었는데 게리에르호의 함장 올리비에(Olivier) 해군대령이 총지휘했다.

나중에 우리는 강화도에 들어가서 그 섬에 수많은 요새들과 화약고들과 무기고들이 있는 것을 보고는 이 통로가 조선의 군사(軍史)에 중요한 역할을 해왔음을 알 수 있었다. 조선 정부는 국방 차원에서는 좀처럼 인색하지 않았다. 압록강 좌안만 보더라도 200킬로미터에 걸쳐 요새들이 깔려 있으니까. 또한 아주 오랜 세월 동안 수없이 피비린내 나는 전쟁터가 되어 온, 일본과 마주하고 있는 조선의 남동 해안의 국방 경비도 이에 못지않다.

그 마을의 지방관이 나와서 애원하는 몸짓으로 우리의 상륙을 막아보려고 했지만 소용없는 일이었다. 우리의 작전은 조선측으로부터 아무런 저항도 받지 않은 채 순조롭게 수행되었다. 주민들은 자기들이 사는 집이며 가축이며 재산을 모두 내동댕이치고 달아났다. 우리의 해군부대가 갑곶이 마을에 상륙하여 자리를 잡고 얼마 지나지 않아 남자 열두어 명으로 둘러싸인 가마 한 대가 전초지에 나타났다. 가마와 그 일행은 로즈 제독 앞으로 안내되었다. 가마가 제독 앞에 이르자 그때서야 노령의 지방관이 가마에서 나오더니 제독에게 항의를 하기 시작했다. 결국 우리는 그를 거의 강압적으로 돌려보내야 했다. 나는 지방관의 수행원들이 때마침 억수같이 쏟아지는 비를 피해보려고 머리에 쓴 별나게 생긴 모자를 보고는 웃음을 참을 수가 없었다. 그들의 비막이용 갈모는 평상시

갈모를 쓴 교군. 데생: A. Marie(Zuber의 그림을 본뜸).

쓰고 있는 갓 위에다 기름종이로 만든 커다란 원뿔형의 모자를 덧씌운 것인데, 갈모를 쓰자 그들의 얼굴은 원뿔통 속에 푹 파묻혀 누가 누구인지 분간할 수가 없었다. 덕분에 나는 한차례 통쾌하게 웃을 수가 있었다.

그렇다고 해서 내가 너무나 생소하게 보이는 이러한 차림을 흉보는 것은 아니다. 오히려 그것은 매우 실용적으로 보였으니, 날씨가 좋을 때는 갈모를 접어 주머니 속에 넣고 다니다가 비가 오면 꺼내 펼쳐 갓 위에 얹기만 하면 되었다. 이 갈모는 확실히 우리네 것보다 훨씬 간편하게 조작할 수 있는 것이다.

우리가 차지하고 들어간 집들은 처음에는 상상을 초월할 정도로 더러웠다. 그토록 더러운 집들을 어느 정도 사람이 살 만하게 치우면서 우리는 고전에 나오는 헤라클레스가 아우게이아스의 외양간을 청소할 때 이렇지 않았겠나 하는 생각을 했다.[55] 그러나 조선인들에게 빌붙어 살고 있던 끝도 없이 많은 기생충들을 단번에 몰아낼 방도는 없었다. 우리가 마을에서 보내는 처음 며칠 동안

---

[55] 그리스 신화에 나오는 엘리스의 왕 아우게이아스는 가장 많은 가축이 있는 외양간을 가진 것으로 유명하다. 그러나 이 외양간은 30년간 청소를 하지 않아 배설물로 역병이 돌고 농사를 짓는 데 방해가 되었다 한다. 헤라클레스는 가축의 10분의 1을 가지는 조건으로 외양간을 청소하기로 하여 외양간의 양쪽 벽을 부수고 알페이오스 강을 끌어다 페네이오스 강에 관통하여 흐르게 하여 외양간을 청소했다고 한다.

이 난공불락의 해충들은 놈들의 합법적인 집주인들을 대신해서 우리에게 복수를 해왔다.[56]

갑곶 마을은 일렬로 늘어선 산 아래 자락에 자리 잡고 있다. 강을 마주 보고 서 있는 그 나지막한 산들은 온통 빼어나게 아름다운 소나무 숲으로 뒤덮여 있다. 바로 그 숲 발치의 정취 그윽한 자리에 사찰 하나가 있고, 그 사찰 주위를 창고들이 둘러싸고 있다. 우리가 그곳으로 진입하여 창고 안으로 들어가 보니, 거기에는 화약을 비롯한 어마어마한 양의 무기들이 가득 차 있었다. 사찰의 외양은 특별히 주목할 만한 것이 못 되었고 내부 또한 중국에서 보아 온 사찰들과 별반 다를 게 없었다. 금색을 입힌 목조 불상도 중국의 그것과 똑같았고 모호한 장식으로 지나치게 치장한 제단 역시 중국식이었으며 커다란 조화로 잔뜩 채운 꽃병도 중국에서 보던 것과 같았다. 한마디로 종교의식에서 두 나라 간의 차이를 보여주는 요소라고는 아무것도 없었다.

그럼에도 필자는 사찰 안에서 흥미로운 물건 하나를 발견했는

---

56 10월 16일(음력 9월 8일), 프랑스군은 본격적으로 성내로 돌입하여 강화부를 점령했고 이후부터 그들이 강화도에서 축출되는 11월 10일까지 강화부 내부에서 만행에 가까운 문화재 약탈행위를 자행했다.

데, 그것은 크기가 대략 사방 2.5미터 되는 비단 천에 그려진 한 폭의 그림이었다. 그림 중앙에는 가부좌한 부처상이 그려져 있었다. 연꽃 위에 앉아 있는 그의 머리를 두광이 감싸고 있었는데 그 표현 양식이 매우 세련되었다. 그리고 가슴 일부와 오른쪽 팔은 그대로 드러내면서도 붉은 천으로 적절하게 가려진 그의 몸체를 감싼 듯 몸체 주위로 둥근 선을 하나 크게 그려 놓았다. 중심인물인 부처 주위에 40여 명의 인물 상반신이 대칭으로 그려져 있었다. 그 인물들에게도 두광이 그려져 있는 것으로 보아 아마도 불교사의 중요한 인물인 모양이었다. 매우 세밀하게 묘사된 인물들은 저마다의 개성을 지니고 있었고, 그중 몇은 갓을 쓴 것처럼 삼각형의 머리모양을 하고 있었다. 인물들 표정은 아주 사나운 표정에서부터 지극히 온유한 표정에 이르기까지 매우 다채로운 표정을 짓고 있었다. 이 그림은 내가 극동의 국가들에서 보아 온 그림들 가운데 가장 뛰어난 작품 중의 하나였다. 이 그림의 출처를 확인할 수 있었더라면 상당히 흥미로웠을 터이다. 왜냐하면 조선에는 그림이나 조각이 흔치도 않을뿐더러 드물게 있는 것도 표현이 투박해서 조선의 예술은 이웃 나라들의 작품에서 볼 수 있는 비교적 섬세한 아름다움의 경지에 닿지 못한다는 생각이 들기 때문이다.

사찰에서 멀지 않은 곳에 방어벽이 강을 따라 이어지고 그 벽 중

강화부 점령. 크로키: Zuber.

강화부 전경. 크로키: Zuber.

강화부 전경. 데생: H. Clerget(Zuber의 그림을 본뜸).

간에 석조물로 된 커다란 문이 하나 끼어 있다. 그 문 위에 정자가 세워져 있는데 그곳은 수비대가 사용하는 곳이었다. 그리고 바로 건너편 육지에도 초가집 몇 채 사이에 이와 비슷한 건축물이 세워져 있다. 이 두 개의 문은 서울과 강화읍을 연결하는 길로 통하는 문인 셈이다. 서울로 연결되는 이 길에는 솔직히 너무 많은 장애물이 있었다. 그러나 그 도로 위에 놓인 장애물들을 해결하지 않았다는 아쉬운 점을 제외하면 길의 상태는 나쁘지 않았다. 도로의 상태가 양호하다는 것은 서울과 강화읍 간의 관계가 상당히 중요함을 입증하며, 그 중요성은 강화도 땅의 비옥함으로도 충분히 설명된다.

우리의 출현에도 아랑곳하지 않고 여전히 자기 집을 지키며 살고 있는 용감한 주민이 한 명 있어서 우리는 갑곶이 언덕을 '철학자의 산'이라고 불렀는데, 이 언덕에서 내려다보는 전망은 매우 아름다웠다. 이른 아침의 풍경은 특히 아름다웠다. 숙영지가 잠에서 깨어 활기를 띠기 시작하고, 푸르스름한 연기가 곧게 하늘로 올라가는 시간이면 아름다운 논과 밀밭, 옥수수밭, 무밭, 그리고 옹기종기 모여 있는 숲과 촌락들이 서서히 어둠을 벗고 모습을 드러내기 시작한다. 희한하게 볼록하니 둥글린 두렁으로 삐뚤빼뚤 이어가며 경계를 짓고 있는 논밭의 모습은 마치 아이들이 한 조각 한 조각 맞추어 놓은 퍼즐처럼 보이면서 우리네 평야가 보여주는 직선의 단조로움에서 벗어나 있다. 평야가 끝나는 지점에 강화의 성벽이 보이는데, 성벽의 일부는 둔덕에 가려 보이질 않았다. 그리고 더 멀리 겹겹이 포개어진 산들의 명암과 안개 자욱한 그 사이의 계곡들은 따뜻하고 행복한 배경을 이루고 있었다.

갑곶이는 사방이 무덤이다. 언덕이 거의 무덤으로 덮여 있다. 대부분의 무덤은 아무런 장식이 없는 봉분만 있는 무덤들이지만 떡갈나무나 밤나무 숲으로 들어가면 관리들이나 귀족들의 유해가 묻혀 있는 보다 완벽한 형태의 묘지들이 있다.

조선인들은 이웃나라의 중국인들처럼 무덤을 귀중하게 여긴다. 죽은 자의 안식처를 경건하게 대하는 국민정서로 인해 결국 세월이 흐르면서 무덤이 많은 땅을 차지하게 되는데, 이러한 정서는 농경생활을 하는 국민으로서는 두 배의 칭송을 받을 만한 일이다. 농사야말로 조선인들에게 매우 높이 평가받는 노동이다. 그래서인지 논밭이 상당히 많고 농지는 잘 정돈되어 있다. 필자는 논밭을 많이 보았는데, 그 논밭들은 한결같이 잘 손질되어 있었다.

흙벽에 짚으로 지붕을 얹은 초가 한가운데 네모난 마당을 두고 있는데, 때론 연장들을 넣어둔 헛간이 마당 주위를 두르고 있는 경우도 있다. 대문 쪽으로 퇴비더미와 농기구들이 놓여 있고 소

고위 관리의 묘. 데생: H. Clerget(Zuber의 그림을 본뜸).

와 당나귀, 특수 종자의 돼지 등이 들어가 있는 외양간이 있다. 마당 안쪽에 자리 잡은 본채는 집주인의 전용 공간이다. 본채는 보통 두세 칸으로 나뉘어 있는데, 칸과 칸 사이는 나무틀에 창호지를 바른 미닫이문을 통해 서로 연결된다. 창문들은 작고 낮은데 거기에도 창호지를 발라 놓았다. 부엌은 가옥의 한쪽 끝에 붙어 있고, 부엌 안에서 넓은 자리를 차지하고 있는 아궁이 위에는 동으로 만든 큰 솥들이 얹혀 있다. 아궁이에서 나오는 연기와 뜨거운 증기는 수직으로 세워진 굴뚝을 통해 곧장 빠져나가는 것이 아니라 방바닥 밑에 수평으로 놓인 고래를 통해 방 전체를 돌아 지나서 가옥의 반대편 쪽에 야트막이 세운 굴뚝으로 나가게 되어 있다. 배치리(Pe-tchi-li) 지방에서도 볼 수 있는 이러한 구조는 경제적이면서도 상당히 효율성 있는 난방 수단이 될 수 있다. 10월에 이미 기온이 영상 3도로 떨어지면서 추위가 시작되는 바람에 우리는 이 난방 시설을 무척이나 고맙게 사용했다.

마당 양쪽에는 수확한 작물들과 식량을 저장해 놓은 저장공간과 베를 짜는 작업공간이 있다. 울타리를 두른 또 하나의 작은 마당이 있는 경우가 흔한데, 그곳에는 특히 발효가 시작된 배추와 무를 비롯한 여러 가지 음식들이 가득 담겨 있는 커다란 옹기 항아리들을 두었다. 대부분의 동양인들이 그렇듯이 조선인들도 물을 넣어 익힌

쌀을 주식으로 삼기에 이 싱거운 밥맛을 돋우기 위해 발효된 반찬과 자극적인 양념이 필요하다. 그래서 조선인들은 고추를 많이 소비한다. 어느 집이나 잔뜩 가지고 있는 종유(種油)는 집안에서 불을 밝히는 데 쓰이기도 하고 음식을 만들 때도 사용되는데, 이 기름 때문에 조선 음식이 유럽인들 입맛에 썩 맞지 않는다.

10월 16일, 우리는 강화부성을 점령했다. 조선 군대가 우리에게 겁을 주려고 성벽에 울긋불긋한 깃발을 수없이 많이 꽂아놓았음에도 불구하고 마침내 우리는 강화성을 점령했다.[57] 병사 몇 명이 현장에서 사망했다. 주민들 대부분은 도망을 갔고 마을에는 단 한 명의 여자도 남아 있지 않았다. 무슨 근거가 있어 자신들의 하얀 백발의 위력을 믿고 있었던 건지 아니면 단순히 도망갈 힘이 없었던 탓인지 오직 노인들만이 서양 오랑캐의 침입으로 공포에 빠진 마을에 여전히 남아 있었다. 강화의 첫인상은 나를 깜짝 놀라게 했는데, 그 마을의 독특한 정취가 나를 매혹시켰던 것이다. 비에 씻긴 뒤 햇살 아래서 은처럼 반짝이는 초가지붕들은 동헌의 붉은 색이며 논과 숲의 초록과 강렬한

---

57 리델은 당시의 상황을 기록하면서 프랑스인들이 파리에 있는 앵발리드 군사박물관으로 가져가기 위해 가장 멋진 깃발들을 상당수 거두어 갔다고 진술했다. 『리델문서 1』, 한국교회사연구소, 1994, p.146.

농가의 모습. 데생: Zuber.

선비의 방. 데생: Zuber.

색의 대비를 이루는가 하면, 한쪽에서 쪽빛 하늘을 뒤로 한 두루뭉술한 산들이 따뜻하고 맑은 색조로 수려한 산세를 그려내고 있을 때 다른 한쪽에서는 바다를 따라 짙은 수평선이 그려져 있었다.

강화성시(江華城市)의 주민 수는 1만 5천 명 내지 2만 명쯤에 이르며 높이가 4 내지 5미터 되는 성곽이 8킬로미터에 걸쳐 뻗어있다. 성곽 내부에는 읍과 함께 꽤 넓은 경작지가 있어서 강화성이 장기간 동안 포위된다 해도 주민들에게 양식을 대어 줄 수 있을 것 같았다. 땅의 경사가 매우 가파른 성내의 북쪽에 지방관아와 정부의 건물들이 자리 잡고 있는데, 우뚝 솟아 있는 지방관아는 과히 압도적이었다. 관아는 여러 채의 건물로 구성되어 있는데, 각각의 건물들은 영국식으로 가꾸어진 정원으로 서로 분리되어 독채를 이루면서 작은 정자들로 꾸며져 있다. 건물들의 건축 양식은 매우 우아하고 아름답다. 일반 가옥의 초라한 초가지붕과는 대조적으로 이 건물들의 지붕에는 유약을 입히고 살짝 둥글린 회색 기와를 얹었으며, 흙벽 대신 목재 내장재를 사용하여 그 위에 장식을 입히고 붉은 색을 칠했고, 건물의 기초는 잘 다듬어진 아름다운 돌로 되어 있다. 내부는 그림과 조각품들로 장식되어 있고 마루에는 아주 섬세하게 짠 세련된 돗자리를 깔았다. 실내에 가구라고는 거의 없는 편이었고 드문드문 있는 것도 관아의 수준에 못 미치는 수준의 것들이었다. 반면에

강화유수부 동헌. 데생: F.Therond(Zuber의 그림을 본뜸).

최상급의 청동으로 된 다량의 그릇들과 단지들이 우리의 시선을 끌었다. 이곳은 완벽한 정도는 못되어도 그럭저럭 깨끗한 편이었다.

동헌 밑에 몇 개의 건물이 길게 늘어서 있다. 그중 몇 채는 석조 건물이었고 또 몇 채는 나무로 지었는데, 그 모두가 정부의 창고로 쓰이는 건물들이었다. 우리가 그곳을 점령했을 당시 그곳에는 이루 헤아릴 수 없을 정도의 물품들이 보관되어 있었다. 포신(砲身) 뒤 끝에 화약을 넣어 발포하는 대포, 화승총, 창, 도끼, 활, 갑옷 따위의 엄청난 양의 무기들과 화약들, 정부의 전매물품으로 보이는 초들, 그리고 인두들…… 이외에도 수많은 책들과 비축되어 있는 어마어마한 양의 종이를 발견했다. 주목할 만한 그림들로 장식되어 있는 몇 권의 장서들을 포함하여 그곳에 있던 대부분의 책들은 현재 파리의 국립도서관에서 볼 수 있다.[58] 그것들은 거의 대부분 한자로 씌어 있었다. 조선인들은 그들만의 고유한 문자를 가지고 있다. 완벽하게 자모를 갖추고 있는 이 기호체계의 언어는 극동의 다른 어느 나라에

---

58 노획물 조사위원회에서 작성한 전적(典籍)목록 조서에 의하면, 외규장각에 소장되었던 1,042종 6,130책 가운데 병인양요 때 프랑스군이 가져간 전적들은 대책 300책, 소책 31책을 비롯해 지도, 비문, 족자 7폭 등이 있다. 김기태,「프랑스 所藏의 우리 典籍들의 淵源에 관한 고찰」,『기전문화연구』제18집, 1989, P.27. 또한 리델문서에 의하면 그곳에는 은 괴도 있었다고 한다. 그들은 당시 197,000프랑에 해당하는 은괴도 가져갔다.『리델문서1』, p.180.

갑옷과 무기류(1. 투구와 갑옷 2. 청동제 화약병기 3. 후장식 총 4. 활통 5. 화살통 6. 도리깨 모양의 무기 7. 군도 8. 투창기 9. 화승총). 크로키: Zuber.

서도 찾아볼 수 없는 독특한 언어이다. 일본에서처럼 조선에서도 수많은 용도로 다양하게 사용되는 뽕나무 원료의 종이는 놀라울 정도로 그 질이 뛰어나고 질기다. 그래서 종이를 띠처럼 길게 잘라서 꼬아 말면 아주 질긴 끈으로 사용할 수 있다. 이 창고에 들어 차 있는 어마어마한 양의 생필품들을 보고 필자는 이 나라에서는 정부가 으뜸가는 대상(大商) 노릇을 하는구나 하고 생각하지 않을 수 없었는데, 당연히 정부의 이러한 역할이 백성에게 득이 될 리가 없다.

성시(城市) 한복판에 광장이 있고 광장 끝에 지붕이 덮인 시장이 있다. 광장을 중심으로 좁은 골목들이 이리저리 뒤얽혀 있으며 골목을 따라 똑같이 생긴 오두막집들이 붙어 있다. 무엇보다도 가장 주목할 만한 점은 상점이 없다는 것이다. 중국의 도시처럼 거리에 활력을 불어넣고 경쾌한 분위기를 조성하는 울긋불긋 강렬한 색깔의 간판을 걸어 놓은 곳도 없고, 일본처럼 굵직한 글자로 온통 뒤덮인 천 조각이 펄럭이는 상점도 찾아 볼 수가 없다. 이곳은 분위기가 전체적으로 음울하고 집집마다 문들이 다 똑같아서, 외국인은 이 미로 속에서 지표가 될 만한 것을 잡아낼 수가 없다. 가옥들이라야 모두 형편없이 초라해서 보기에도 마음이 아팠다. 촌가들처럼 이곳의 집들도 흙벽에 초가지붕을 이고 있으면서 시골집들보다 더 파손되었고 훨씬 더럽다. 그러나 거리에서는 볼 수 없었던 생활의 활기가 건물 내부에 은밀하게 숨겨져 있음을 알게 되었다. 과연 안으로 들어가자 상점과 수작업장들, 그리고 번듯한 주거 공간들이 자리 잡고 있었다. 여성들이 거처하는 방들은 각별히 공을 들였다. 그중 어떤 처소들은 그야말로 규방의 모양을 제대로 갖추어서, 그곳에서 우리는 칠기로 된 가구, 고운 돗자리, 그림 병풍, 장신구, 포마드와 분통 등을 볼 수 있었고, 심지어는—이것도 말해야 되나?—가체도 보였다. 무엇 하나 빠진 게 없는 그곳은 조선 여성들이 얼마나 화려하게 꾸미고 몸치장을 하는지를 입증해 주고 있다.

극동의 모든 국가들에서 우리가 경탄하지 않을 수 없고 동시에 우리의 자존심을 상하게 하는 한 가지 사실을 발견할 수 있는데, 그것은 바로 아무리 가난한 집이라도 집 안에 책이 있다는 사실이다. 극동의 나라들에서는 글을 읽을 줄 모르는 사람이 거의 없으며 또 글을 읽지 못하면 주위 사람들로부터 멸시를 받는다. 만일 문맹자들에 대한 그토록 신랄한 비난을 프랑스에 적용시킨다면 프랑스에는 멸시 받아야 할 사람들이 부지기수일 것이다.

강화에는 이렇다 할 산업이란 게 아무것도 없다. 우리는 무명 짜는 틀 몇 개를 볼 수 있었지만 그렇게 한정된 수량으로는 주민들의 수요를 충족시키지 못할 것이다.

성시 남쪽에 한 관리의 사택이 있는데, 높은 언덕 위에 세워진 그 집의 훌륭한 입지 조건과 내부의 호사스러움은 나의 주목을 끌었다. 비단과 모피를 비롯하여 칠기와 청동으로 된 물건들과 도자기들, 한마디로 유럽인들이 그토록 동경하는 모든 물건들이 그 집 안을 가득 채우고 있었으니, 이는 서민들의 한결같이 초라한 초가집들과 대조를 이루어 보는 이의 마음을 씁쓸하게 했다. 이러한 대조적인 풍경으로부터 우리는 평범한 조선인에게는 부에 대한 권리 혹은 최소한의 가능성마저도 없다고 결론지어야만 하는 것인가? 선교사들의 서술이 이러한 추정을 확고하게 해 주고 있으며 또 중국에서 이루어지는 현상들이 조선에서도 충분히 벌어질 수 있다는 점을 고려해 볼 때, 나는 그와 같은 결론이 가능하리라고 믿는다. 탐욕이야말로 관리들이 가지고 있는 가장 큰 흠이다.

색깔도 아주 매혹적이고 소리 또한 비할 데 없이 맑은 울림을 내는 놋그릇들이 헤아릴 수 없이 많아서 마을의 어느 집엘 들어가도 이 그릇들을 볼 수 있었고, 심지어 가장 가난한 초가집엘 가 봐도 놋그릇들이 놓여 있었다. 이 놋그릇들은 개중에는 크기가 매우 큰 것도 있지만 거의 대부분은 사발 정도의 크기이며 쓰임새가 다양했다. 이렇게 희귀한 재료가 지천에 깔려 있다는 것은 조선에 풍부한 광물 자원이 저장되어 있음을 입증하는 증거다. 원주민들의 아주 원시적인 야금술만으로도 모든 사람들이 값싸게 사용할 수 있을 만큼 충분한 금속을 캐낼 정도면, 이는 분명 광물 자원이 대단히 풍부하고 또 함유량도 높다는 의미일 것이다. 그러므로 언젠가 조선이 유럽 국가들과 맺게 될 통상관계에서 광물 자원 수출이 큰 비중을 차지할 것임은 자명한 일이다.

10월 18일, 서울의 조정에서 파견된 한 고위 관리가 국왕의 공한을 가지고 와서 함장에게 전했다. 공한은 결코 양식(良識)이 결여되어 있었다고 볼 수는 없었지만 서한의 내용을 살펴보면 국왕이 너무 자신의 입장만 고려하여 변론하는 것 같았다. 그 공한의 번역문을 옮겨 적으면 다음과 같다.[59]

---

59 이것은 국왕이 보낸 공한이 아니고, 프랑스군의 강화도 침략에 대응하여 조선 정부가 창설한 기보연해순무영(畿輔沿海巡撫營) 순무천총 양헌수가 침략의 야만성을 규탄함과 동시에 적군 격퇴의 의지를 담은 격문을 작성하여 별무사 지홍관을 통해 로즈에게 전달한 것이다. 양헌수, 김영길 옮김, 『(國譯)荷居集』, 충장공 양헌수 대장 기념사업회, 2005, pp. 7, 39-42, 48.
쥐베르가 옮긴 격문의 번역문과 크게 다를 바는 없겠으나, 우리측 격문의 전문을 소개하면 다음과 같다.
"하늘의 이치를 거스르면 반드시 망하고, 국법을 어기면 반드시 죽임을 당한다. 하늘이 백성들을 세상에 내려 보냄에 이치로써 순(順)하게 하고, 나라의 봉강(封疆)을 나눔에 다스리어 지키게 하는 것이다. 순(順)한다는 것은 무엇인가? 어질면서 해롭게 하지 않는 것이다. 수(守)라는 것은 무엇인가? 침범하는 자는 용서하지 않는 것이다. 이것을 거스르면 반드시 망하고 어기면 반드시 죽임을 당하는 까닭이다. 그러나 이웃 나라와 사이좋게 지내며 멀리 떨어져 있는 나라에 너그럽게 대해주는 것은 예로부터 있었던 도(道)이다. 우리나라에서는 더욱 너그럽게 대하여 이름도 알 수 없고 도리도 알 수 없는 나라 사람들이 매번 우리나라 경내에 표류해 오면, 수토지신(守土之臣)에게 명하여 영접하고 사정을 물어

보면서 마치 오랜 우호관계를 수행하듯이 했다. 굶주렸다고 하면 먹을 것을 주고, 춥다고 하면 옷을 주고, 병들었다고 말하면 약을 지어서 치료해 주기도 했으며, 돌아가겠다고 하면 식량까지 싸서 보내 주었다. 이것은 우리나라가 대대로 지켜오는 법으로 지금까지 행해지고 있기 때문에 온 천하가 우리를 일컬어 '예의지국'이라고 부르고 있다. 만약 우리 사람들을 인연(夤緣)하여 몰래 우리나라에 들어와서 우리의 옷으로 바꿔 입고 우리말을 배워서 우리 백성과 나라를 속인다든지 우리의 예의와 풍속을 어지럽힌다면, 나라에 상법(常法)이 있는 만큼 발각되는 대로 반드시 죽인다. 이는 세상 모든 나라들의 한결 같은 법인데 우리가 상법을 실행하는 것에 대해서 너희들이 무엇 때문에 성내는가? 처지를 바꾸어 생각하면 우리가 묻지도 않았는데 지금 너희들이 이것을 트집 잡아 말하는 것은 이미 도리에 몹시 어긋나는 일이다. 일전에 너희 배가 경강(京江)에 들어왔을 때는 배는 불과 2척이었고 사람도 1,000명이 못되었으니 만약 도륙(屠戮)하고자 했다면 어찌 방법이 없었겠는가? 하지만 몰래 침입한 자들과는 구별되었으므로 멀리 떨어져 있는 나라 사람들을 대해 주는 의리에서 차마 병력을 가하여 피해를 줄 수는 없었다. 그러므로 경내를 지나며 소나 닭 같은 것을 요구하면 그때마다 주었다. 작은 배가 왕래할 때에 말로써 물으면 먹을 것은 받으면서 돌아가라는 말은 따르지 않았으니 너희들이 우리를 배반한 것이지 우리가 어찌 너희를 배반한 것인가? 아직도 만족하지 못하고 갈수록 행패를 부려서 지금 우리 성부(城府)를 침범하고, 우리 백성들을 살해하고 재물과 가축을 약탈하는 행위가 한이 없으니 실로 하늘의 이치를 거스르고 나라 법을 어기는 자들로서 이보다 더 심한 자들은 없었다. 그러니 하늘이 이미 그들을 미워하고 사람들도 그들을 죽이려 했다. 들건대 너희들이 우리나라에 전교(傳敎)를 행하려고 한다는데 이는 더욱 안 될 일이다. 수레와 서책이 같지 않으며 각기 숭상하는 것이 있으니 정사곡직(正邪曲直)에 대해서는 아예 거론할 필요가 없다. 우리는 우리의 학문을 숭상하고 너희는 너희의 학문을 행하는 것은 사람마다 각기 자기 조상을 조상으로 섬기는 것과 같다. 그런데 어떻게 감히 남에게 자기 조상을 버리고 남의 조상을 조상으로 섬기라고 가르칠 수 있겠는가? 이것은 만약 죽음을 면할 수 있다면 하늘도 없다고 말할 수 있는 것과 같다. 우리는 너희를 은(殷) 탕(湯) 임금이 갈백(葛伯)에게 하듯이 대해 주었는데, 너희는 우리를 험윤(玁狁)이 주(周) 나라 선왕(宣王)을 배반하듯이 포악하게 대하고 있다. 그러니 우리가 지인지덕(至仁至德)하더라도 제멋대로 난동을 부리게 내버려둘 수는 없다. 그러므로 천만의 대병(大兵)을 거느리고 지금 바닷가에 나와 하늘의 이치를 받들어 토벌의 뜻을 펴려고 한다. 우선 내일 아침에 서로 대면하자는 약속을 급히 보내니 군사의 곡직(曲直)과 승패(勝敗)가 결정되리라. 너희들은 퇴각하여 달아나지 말고 머리를 숙이고 우리의 명령을 들어라. 병인년 9월 11일 조선국 순무영(巡撫營)." 국사편찬위원회 국역, 『조선왕조실록』 고종 3년(1866 병인) 9월 11일자 기사.

"하늘의 이치를 거스르는 자는 반드시 죽게 되어 있고, 나라의 법을 어기는 자는 반드시 참수를 당하게 되어 있다. 하늘이 백성을 세웠으니 백성은 이치에 순응하며 살아야 하고, 모든 나라는 국경을 지어 서로 구분하고 저마다의 법으로 다스린다. 사람은 누구에게 순응해야 하는가? 남녀노소 누구나 무조건 법을 따라야 하며 법을 어기는 자는 결코 용서 받지 못한다. 이치가 이러하니, 나는 법을 거스르는 자는 죽여 마땅하고 나라를 침범하는 자는 목을 베어야 한다고 판단한다.

이웃나라와 화친하고 여행자들을 구제하는 것은 예로부터 내려오는 전통이다. 조선 왕국 백성은 남을 배려하고 너그럽게 대하는 마음이 각별하다. 사정도 모르고 이름도 모르는 나라의 사람들이 우리나라 해안에 표류해 오는 경우가 종종 있는데, 그때마다 조정은 관할 행정관에게 그를 친절히 영접하라는 명을 내린다. 그들에게 온 이유를 물어 어떠한 적의를 품지 않은 자들이라면 배고픈 자에게는 먹을 것을 주고 벗은 자에게는 입을 것을 주며 병들어 아픈 자는 치료해 준다. 이것이 우리 왕국이 대대로 지켜 온 법이다. 조선이 온 천하의 눈에 정의로운 왕국이요 문명국으로 비치는 까닭이 그 때문이다. 그러나 우리나라의 백성을 호리기 위해서 비밀리에 잠입하여 옷을 바꿔 입고 우리의 말을 배우는 자가 있다면, 우리 백성의 도덕을 문란케 하고 우리의 풍속을 어지럽히는 자가 있다면 나라의 상법(常法)대로 반드시 사형에 처한다. 이는 조선 왕국뿐만 아니라 천하의 모든 왕국들, 모든 제국들에서도 한결같이 적용되는 법이다. 우리는 이러한 상법을 준수했을 뿐인데 어찌하여 너희들은 성을 내는가? 우리가 너희들에게 이곳 먼 나라 작은 고장까지 온 연유에 대해 해명을 묻지 않음이 불만인가?

너희는 마치 제나라 땅인 양 우리 땅에 들어와 정주하고 있으니, 이는 도리를 거스르는 가증스러운 일이다. 일전에 너희가 우리 왕국의 강으로 들어와 상강(上江)했을 때 배는 두 척에 지나지 않았고 배에 탄 사람은 천 명을 넘지 못했다. 그 당시 우리가 그 배들을 쳐부수고자 했다면 어찌 방법이 없었겠는가? 그러나 어진 마음에서, 또 너희가 이국인이라는 점을 참작하여 우리는 가해를 행하지 않았고 적대 행위도 드러내지 않았다.

우리의 국경을 침범하면서 소와 닭을 마음대로 갈취하여도 달라고 하면 주었고, 너희들이 종선(從船)으로 수시로 왔다 갔다 하여도 우리는 공손한 말로 따져 물었다. 뿐만 아니라 우리는 어떤 방식으로도 한 번도 위협한 적 없었고 오히려 선물까지 했다. 그러니 너희가 우리에게 배은망덕한 태도를 보이는 것이지 우리가 배은하지는 않았다. 너희는 그것으로도 부족하여 물러갔다가는 다시 오니, 이는 참으로 무례한 일이다. 이번에 너희는 우리의 마을을 약탈하고 우리의 백성을 죽이고 우리의 재물과 가축을 파괴하고 해치니, 이보다 더 심하게 하늘과 법을 거스르는 자들을 일찍이 본 적 없다. 게다가 듣자 하니 너희는 우리 왕국에서 너희의 종교를 전교하려고 한다. 그것은 잘못된 일이다. 무릇 서책들에 대해서 그것이 옳은 것인지 그른 것인지 판단하는 것은 개별적인 일이다. 우리가 우리의 종교를 따르는데 너희가 무슨 근거로 너희의 종교로 우리를 방해하는가? 제 조상을 부인하는 것은 비난 받을 일인 것을, 어찌하여 너희는 우리에게 우리 조상을 버리고 이국인들의 조상을 섬기라고 가르치러 오는가? 이러한 것을 가르치는 자들을 살려두느니 차라리 하늘이 없다고 말하는 것이 나을 것이다.

우리가 너희를 대하기를 은(殷)나라의 탕(湯) 임금이 배신자 갈백(葛伯)에게 하듯이 대해 주었는데, 너희는 우리에게 험윤(獫狁)이 주(周)나라 선왕(宣王)에게 반항하듯 포악하게 대들고 있다. 감히 나를 저 훌륭한 선왕들과 비교할 수 없지만 그렇다고 내가 베푼 아량에 대해서 잠자코 있을 수만은 없는 노릇이다.

오늘, 이곳에 대병(大兵)을 이끌고 나타난 네 모습은 마치 하늘의 심판을 수행하러 온 하늘의 대리자인 듯하다. 궁정으로 나오라. 와서 서로 대면하여 병사를 일으킬 일인지 해산할 일인지, 전쟁으로 승패를 가릴 일인지를 결정하자. 퇴각하여 달아나지 마라. 너희는 머리 숙이고 명을 받을 지어다! 통치 5년, 음력 9월 11일."

대원군이 이 서한에서 간과한 점이 있다. 그는 조선군이 일전에 타르디프호와 데룰레드호를 향해 총격을 가했던 일을 서한에서 빼 놓고 있는 것이다. 또 한 가지 훨씬 더 중대한 일로, 불과 몇 달 전에 미국 스쿠너선에 타고 있던 무고한 승무원들을 모두 학살했으면서 대원군은 그 사건에 대해서는 언급하지 않았다.

궁궐의 공문을 전하러 온 사자는 아주 맵시 있는 옷차림을 하고 있었다. 그는 화려한 비단옷을 입었고 커다란 모자를 쓰고 있었다. 펠트로 된 모자에는 공작 깃털이 꽂혀 있고 수지를 칠한 흑백구슬을 차례로 꿰어 만든 끈을 달았다.[60] 그의 용모는 매우 기품이 있었다. 그는 프랑스 루이 13세 시대풍의 깔대기 모양의 가죽 장화를 신고 있었고,[61] 관복과 잘 어울리는 손잡이가 긴 칼을 차고 있었다. 그의 의복은 전체적으로 매우 우아했다. 그러나 이 인물이 어린 수병에게 지나치게 허물없는 언행을 하는 바람에 호된 지적을 받았는데, 이것을 보고 우리는 조선에서는 비록 상류계급

---

60 무관과 군인들이 군복에 사용하던 모자, 즉 전립을 말한다. 고위직 무관이 쓰는 전립은 '안울림 벙거지'라 하는데, 겉은 검정색 모직물을 안은 남색 운문단을 사용하고 장식으로 공작 깃털, 상모(象毛), 옥로(玉鷺)를 달고 밀화구슬로 끈을 달았다.
61 조선시대 문무 관리들이 관복을 입을 때 신던 목화(木靴)나 무관들이 신었던 수화자(水靴子)를 말하는 듯하다. 피물(皮物)로 만들었고 반장화와 비슷하며 목이 길고 넓다.

조선의 지방 행정관(좌)과 궁수(우). 데생: Zuber.

에 속하는 사람들일지라도 교육이 부족하다는 것을 알 수 있었다.

그 관리가 우리측의 부정적인 회답⁶²을 받고 돌아가 상부에 전한 후 조선군과 여러 차례 교전이 있었다. 조선군은 군사기술이 좋았고 민첩함과 어느 정도의 용맹함을 보였다. 우리는 이번 몇 차례의 교전을 통해서 조선군이 강화성 무기고 안에 대량으로 들어 있던 활이며 투창, 곤봉 등을 더 이상 사용하지 않는다는 것을 알게 되었다. 조선의 병기는 모두 화승총으로 대치된 것이다. 하지만 조선의 화승총은 거총하기엔 개머리판이 너무 작아서 다루기

---

62 로즈는 순무영에서 보낸 격문에 대해 다음과 같은 회답을 보냈다.
"프랑스 황제의 명령을 받은 전권대신은 각초(各哨)의 용맹한 군사들을 거느리고 준절히 효유(曉諭)한 일을 당신들 순무사는 다 잘 알라. 올해에 이 나라에서 무고하게 죽임을 당한 사람은 우리나라의 선교사로 추중(推重)되던 사람이다. 너희는 어질지 못하게 불의(不義)로 그를 죽였으니 공벌(攻罰)하는 것이 마땅하다. 그리고 선교사는 매우 어질고 의로운 사람이라 털끝만치도 범죄를 저지르지 않았을 텐데 그를 죽였으니 천리를 어긴 것이다. 그러니 죄악은 세상 법에서 온전히 용서할 수 없는 것이다. 중국에서 지난 몇 해 전에 일어난 일을 듣지 못했는가? 그들이 이런 흉악한 행위를 저질렀다가 우리 대국에서 토벌하니 머리를 숙이고 우리의 명령을 따르지 않을 수 없게 되었다. 이번 프랑스 전권대신은 불인불의(不仁不義)한 나라인 조선을 징벌하기로 정했으니 만약 귀를 기울여 명을 따르지 않으면 결코 용서받지 못할 것이다. 하나, 세 사람이 관청을 부추겨 우리나라 선교사를 살해한 것에 대해 엄정히 분별할 것이다. 하나, 너희 관청에서는 전권을 지닌 관원이 조속히 이곳에 와서 직접 면대하여 영구적인 장정(章程)을 확정하라. 재해와 흉환이 지금 가까이 닥쳤으니 너희가 재난을 피하려고 한다면 조속히 회답하고 명령을 받드는 것이 마땅하다. 만약 명령을 받들지 않으면 본 대신이 기일을 앞당겨 너희들에게 환난을 줄 것이니, 너희 백성들이 재난을 당하는 근원이 될 것이다. 그때 가서 미리 말하지 않았다고 말하지는 마라." 국사편찬위원회 국역, 『조선왕조실록』 고종 3년(1866병인) 9월 11일자 기사.

가 힘들다. 따라서 화승총을 사용하는 사격수는 사격을 편하게 하고 조준을 잘 하기 위한 버팀대로 흉장(胸牆)이나 총안 따위가 필요하며, 야전 시에는 동료 병사의 어깨 위에 총대를 얹고서야 사격이 가능하다. 사실 조선의 포는 그다지 두려운 무기도 아니며 어쩌다 포탄이 목표물에 적중하는 것은 순전히 우연에 의한 것이다. 병사들 가운데 몇 명은 갑옷을 입고 있었다. 그 병사들은 붉은 깃털 장식을 한 쇠투구를 쓰고 쇠사슬로 짠 팔받이와 넓적다리 가리개를 착용하고, 삶은 가죽판 두 겹을 포개 굵은 못으로 꿰매 안을 댄 커다란 갑옷을 입고 있었지만 그러한 갑옷으로 총알을 막아낼 수는 없었다.

  우리의 상륙 함대는 11월 1일까지 강화읍과 갑곶이를 점령하고 있었다. 우리는 보통 군사(軍事) 외의 여가시간을 사냥하는 데 보냈다. 원주민들이 불치에 손을 대지 않고 또 사냥한 고기도 먹지 않는 편이어서 사냥감은 넘쳤다. 꿩, 거위, 야생 오리, 상오리, 물떼새, 산비둘기 등이 연달아 우리의 식탁에 올랐는데, 이렇게 호사스런 식탁은 이례적인 것이었다. 털 달린 불치는 흔치 않은 모양인지, 우리가 체류하는 내내 산토끼 한 마리도 보지 못한 것 같다. 그러나 동부 산악지대에는 늑대며 여우, 곰, 그리고 중국에서 그 피륙이 유명한 호랑이와 같은 맹수들이 살고 있다. 사냥 솜씨가 능란

한 조선의 사냥꾼들은 조악한 무기를 가지고서도 저러한 맹수들과 어렵지 않게 싸워내니, 이 맹수들의 피륙은 조선의 주요 수출 품목이 되고 있다.

나는 강화도에서의 그 즐거운 소풍들을 아주 오래오래 추억하리라. 날씨는 언제나 말할 수 없이 청명하고 공기 속에는 물기가 살짝 스며 있으며 찬란한 햇빛이 논밭과 숲으로 가득 쏟아져 내리는데, 빛에 잠긴 숲에 바람이 일면 노란 낙엽들이 바람에 실려 일렁이곤 했다. 사실 이러한 풍경 외에 다른 볼거리가 있었던 것도 아니었다. 오두막들은 모두 비슷비슷한 모습이었고 그곳에 사는 사람들 역시 모두 비슷하게 닮아 보였다. 주민들은 겉보기엔 유순해 보였는데, 나에게 그들의 성격까지 파악할 수 있는 능력은 없었다. 우리가 육지로 상륙하는 모습을 보고 지레 겁을 먹었던 이 가련한 주민들은 점차 공포에서 벗어나 하나둘 농사일로 돌아왔다. 우리가 벼를 베고 볏단을 높이 쌓아 올리는 그들 앞으로 지나갈 때면 그들은 항상 우리 앞에 넙죽 엎드리곤 했고 우리가 어느 민가에 들어서면 집주인은 우리에게 지나칠 정도로 각별한 예우를 표하며 감[63]과 아주 시원한 냉수를 내놓곤 했다. 사실 그들의 이러

---

[63] 필자 주: 일본과 조선에서 흔하게 볼 수 있는 이 과일은 작은 사과와 같은 모양을 하고 무화과 맛을 낸다.

조선의 거룻배. 데생: Th. Weber(Zuber의 그림을 본뜸).

한 태도는 다분히 두려움에서 나오는 것임을 쉽게 알 수 있었다. 아무리 그것을 조선의 풍속이라 여기고, 또 그들이 이제껏 모든 관리들 앞에서 그렇게 무릎을 꿇었을 터이니 그들이 우리 앞에서 엎드린다 해도 새삼 놀랄 바는 아니지만 그래도 그들의 저토록 비굴한 모습에 마음이 아픈 것은 어쩔 수 없었다.

11월 22일, 극동함대는 조선 해안에서 완전히 철수했고 각 군함은 중국과 일본의 소속 기지로 귀항했다. 우리는 조선 원정에서 기대했던 성과를 조금도 얻지 못했다. 한편, 우리 함대의 퇴각과 동시에 조선에서는 신자들에 대한 박해가 배가 되었고 조선 정부는 유럽 국가의 침입을 비롯한 타협 일체를 격퇴하고 규탄한다는 선언문을 내렸다. 보시다시피 우리는 조선에 체류하는 동안 그곳에서 환영받지 못했다.

유럽의 국가들이 처음 접촉하는 이국의 국민들에게 폭력을 드러내고 횡포한 요구를 주장하는 일이 너무 빈번하다. 일단 그 나라가 아직 전신기(電信機)를 갖지 못했고 또 그들 문명의 본원이 우리의 그것과 다르면, 우리는 그들이 입는 폐해를 감안하지도 않고 주민들의 모든 권리를 침해하는 것이 마치 우리에게 허락된 줄로 생각한다. 특히 순수하고 고양된 교의의 이름으로 피를 쏟게까지 하는 것은 참으로 가슴 아픈 일이다. 더군다나 교의란 본질적으로 속칭 '무력'이라고 명명되는 이 슬프고도 의심스러운 설복 수단의 힘을 빌려서는 결코 안 되는 것이 아닌가.

하여튼 현재의 상황을 미루어 볼 때 조선은 머지않아 자발적으로든 아니면 강압에 의해서든 서양 국가들과의 통상에 문호를 개방하게 될 것이다. 중국과 일본 간의 관계는 나날이 돈독해지고 있고 또 이 두 나라는 쇄국정책을 완전히 버린 듯하므로, 조선은 양국 사이에 위치하고 있는 지리적인 조건으로 말미암아 통상수교가 거의 불가피할 것이다. 예술에 대한 감각과 다양성에 대한 안목을 지닌 섬세한 감성의 소유자들이라면 깊이 생각하기에 앞서, 우선 세계 곳곳 온갖 분야에 침투하고 있는 유럽의 영향을 보면서 어느 정도 아쉬움을 느끼지 않을 수 없으리라. 분명 문명과 과학은 세계에 널리 파급되어야 할 그 무엇인 것은 분명하지만 그와 동시에 그 나라 국민의 개성이 희석되고 고유성이 사라질 염려가 있으니까. 일본의 귀족들은 벌써 서양 바지에 프로코트를 착용하는 우스꽝스러운 옷차림을 하지 않는가!

그러나 이러한 획일성이 세계 도처로 퍼지기까지는 내달려야 할 길이 아직 멀고, 또 여행가들의 온갖 욕망에 부응할 아직 탐험되

11월 11일, 강화도 상륙군 철수. 수송 함대와 조선의 매복군 간의 교전.

지 않은 나라들은 여전히 많이 남아 있다. 그러니 우리는 공상가들의 공연한 미련 따윌랑은 한쪽으로 제쳐 놓고 오직 프랑스에 바라는 게 있으니, 지나치게 욕심 없는 역할은 이제 그만 버리고 나날이 전 세계로 뻗어 나가고 있는 유럽 국가들의 통상 움직임에서 보다 더 큰 몫을 차지해 주기를 바라는 바이다.

H. 쥐베르.

2. 마르탱의 1866년 조선 원정

EXPÉDITION DE CORÉE

극동의 모든 해양국가들이 무력에 굴복하면서 잇따라 세계 교역에 문호를 개방하고 있는 가운데 유일하게 조선만이, 조선을 통상으로 이끌어내려 했던 여러 나라들의 시도에 맞서며 지금까지 저항해 왔다. 그런데 최근에 이 왕국이, 북아시아 끝에 위치하며 인구수가 약 7백만 내지 8백만에 달하는 이 나라가 드디어 여러 열강들과 조약을 체결함으로써 자발적으로 외부세계에 문호를 개방했다.[1]

프랑스는 몇 년 전 나폴레옹 3세 집권 후반기에 조선을 원정한

---

[1] 조선은 1876년 일본과의 조일수호조약을 시작으로 미국(1882), 영국(1883), 독일(1883), 이탈리아(1884), 러시아(1884) 등과 수호통상조약을 맺었다. 프랑스와는 1886년에 가장 늦게 수호통상조약을 맺었다. 마르탱이 이 글을 쓴 1883년은 아직 조선과 프랑스 사이에 조약이 맺어지지 않은 시점이다.

적이 있으나 그 결과는 실패로 이어졌다.

본 논고의 취지는 1866년 프랑스의 조선 원정의 동기 및 실패 원인을 찾아보고, 조선 원정의 치명적인 실패가 극동지역에서의 프랑스의 정책과 영향력 그리고 프랑스 군부의 명예에 어떤 결과를 초래했는지를 짚어보고자 하는 데 있다.

I

1866년 1월, 러시아 선박 한 척이 동해[2]에 위치한 원산항에 접근하여 자기네들이 그곳에 정주하면서 해외 상관(商館)을 세울 수 있게 해달라고 조선 정부에 요구했다. 달레(Ch. Dallet)의 『조선천주교회사(l'Histoire de l'Église de Corée)』[3]에 따르면 이와 같은 요구를 독촉하기 위해 러시아 군대가 함경도 국경을 넘어와 시위

---

2 필자 마르탱은 동해를 '일본만(灣) 내의 조선 연안(la côte coréenne du golfe du Japon)'이라고 표현했다.
3 프랑스 파리외방전교회의 신부인 달레(1829-1878)가 저술한 최초의 한국 천주교회사 통사로서, 서설에서는 조선의 지리, 역사, 제도, 풍속 등을 개설하고 있고 본문에서는 한국에 천주교가 수용되는 과정부터 1871년 신미양요까지 다루고 있다.

까지 벌였다고 한다.[4] 이때 벨로네(Bellonet) 공사대리[5]가 이 사건을 베이징 주재 러시아 공사 왕가리(Wangali) 장군에게 알리자 러시아 공사는 그와 같은 일은 절대 없었다며 전적으로 부인하는 회신을 보내왔다. 그러므로 이 사건의 전말은 러시아 상인 몇 명이 자기네들의 상업적 이익을 위해 원산항에 하선하여 행동했던 것이 전부였던 것 같다.

그렇다면 이로 인해 무슨 일이 일어났던 것일까? 조선 정부는 그리스도교로 입교한 조선양반들 한 무리로부터 편지 한 통을 받았다. 그들은 편지에서 프랑스, 영국과 동맹을 맺을 것을 조언하며 자신들의 생각으로는 그것만이 러시아의 침략에 대항하는 유일한

---

4 "1866년 1월(양력)에 러시아 선박 한 척이 동해에 면하여 있는 상항(商港) 원산에 나타나, 거기서 통상의 자유와 러시아 상인들이 조선에 정착할 수 있는 권리를 아주 강압적으로 요청하는 서한을 조선 정부에 보냈다. 이와 동시에 이 요구를 뒷받침하기 위해 약간의 부대가 함경도의 국경을 월경했다고 한다." 샤를르 달레, 안응렬·최석우 공역, 『한국천주교회사』 하, 한국교회사연구소, 1980, p.385.

5 병인양요 관계 자료에서 일반적으로 벨로네는 주청 프랑스 대리공사, 혹은 변리공사로 번역되어 있다. 홍순호는 이와 같은 벨로네의 직함 혼용에 대해 지적하기를, "'chargé d'affaires'를 대리공사로 번역한 것인데, 벨로네의 경우는 공사대리에 해당된다."고 하면서 "대리공사는 처음 임명할 때부터 대리공사 또는 변리공사라는 외교관직 명으로 부여하는 반면 공사대리는 말 그대로 공사가 결석 또는 부재 중의 기간을 공관원 중 공사 다음의 차석 외교관에게 직무를 대리시키는 것"이라고 두 직함의 명백한 차이를 설명한 적이 있다. 주청 프랑스 공사였던 베르테미(Berthémy) 공사는 1865년 6월 4일 주미공사로 전임되어 베이징을 떠나 파리에 체류 중이었고 후임 주청 공사 랄르망(Lallemand)이 임명되기까지 벨로네가 공사직을 대리행사 했다. 홍순호, 「19C 후반 프랑스의 대외정책과 병인양요」, 『병인양요에 대한 역사적 성찰』, 인천가톨릭대학교, 겨레문화연구소, 1997, pp.71-72.

방법이라는 견해를 펼쳤다.[6] 뿐만 아니라 그들은 당시 대원군을 제치고 권력을 장악할 기회를 모색하는 한 당파에 영향력을 끼쳐 오던 베르뇌와 다블뤼 두 주교의 조력을 근거로 내세웠다. 그러자 자신에 대항하는 음모가 꾸며지고 있다는 사실을 알게 된 대원군은 두 주교를 불러들이게 했다.[7] 두 주교는 서울로 올라와 대원군이 자기들을 부른 이유를 알게 되었고 그때부터 기대를 품었던 것이다. 분명 대원군이 곧 자기들에게 중재 역할을 청할 것이고 그 결과 자신들의 영향력은 커질 수밖에 없을 것이며, 그렇게 되면 자신들의 영향력으로 종교의 자유를 획득할 것이라는 희망이었다. 그러나 막상 일은 그들의 기대처럼 돌아갈 수는 없게 되어 있었다. 그들은 자신들도 모르는 사이에 경솔하게 정치적 음모에 말려든 것인데, 조선 정부는 음모를 캐내던 끝에 국내에 서양인이 잠입하여 정주하고 있다는 사실을 알게 되었고 이는 정부가 그 무엇보다

---

6 러시아가 조선에 통상을 강요하는 일이 자주 일어나자 조선 정부는 매우 불안해했다. 그 즈음에 베르뇌 주교가 머물던 집의 주인인 홍봉주(洪鳳周)와 이유일(李惟一), 김면호[金勉浩(교회측 이름은 김계호)] 등은 대원군 앞으로 편지를 보내 프랑스와 동맹을 맺는 것만이 러시아의 침략에 대항하는 유일한 길이라는 의견을 내면서 조선에 들어와 있는 프랑스 주교와 부주교의 중재를 통하면 수월하게 프랑스와 동맹을 맺을 수 있을 거라고 했다.
7 대원군의 두 주교 소환을 두고, 그리피스(W. E. Griffis)의 표현처럼 "나이는 먹었지만 정치에 대하여는 순진한 천주교 신자들"은 오로지 종교의 자유를 얻을 희망으로 자신들이 추진한 계획의 성공을 내다보고 있었던 반면, 외교부 소속의 마르탱은 대원군이 이것을 역이용하여 앉아서 두 주교를 불러들여 체포하는 좋은 기회로 삼았다고 보고 있다.

2. 마르탱의 1866년 조선 원정 87

도 가장 두려워하던 점이었다. 그리하여 선교사들은 이 모사꾼들의 비호자로 간주되어 희생될 수밖에 없었다.

1866년 3월 8일, 베르뇌 주교가 참수형을 받았고, 22일 후 다블뤼 주교 역시 문초를 받고 같은 운명을 따랐으며, 이어서 9명의 사제가[8] 차례로 참수되었는데 그중 7명의 유럽인 사제들은 푸르티에, 프티니콜라, 브르트니에르, 볼리외, 도리, 오메트르, 그리고 위앵 신부였다. 그때 30여 명의 조선인 신자들도 동시에 처형되었다.[9]

박해를 피해 살아남아 있던 페롱, 칼레, 리델 3명의 선교사는 각각 숨어 지내면서 폭풍이 지나가기를 기다렸다. 그러다 얼마 후 한자리에서 만나게 된 그들은 자기들 중 한 명이 청국으로 가서 학살 소식을 전하기로 결정했다. 논의 끝에 리델 신부가 선택되었다. 리델 신부는 배를 타고 조선을 떠나 7월 7일 체푸에 닿았고 거기서 다시 난쩡(Nam-Tzing)호를 타고 중국과 일본 분함대의 사령관인 로즈 제독이 있는 텐진으로 향했다.

---

8 베르뇌 주교와 브르트니에르, 도리, 볼리외 신부들은 3월 7일 같은날 새남터에서 군문효수형을 받았으며, 3월 11일에 푸르티에, 프티니콜라 신부들이 새남터에서, 3월 30일에 다블뤼 주교와 위앵 신부, 오메트르 신부가 충남 보령의 갈매못에서 군문효수형을 받았다. 그들은 모두 프랑스 파리외방전교회 소속의 선교사들이다. 마르탱이 언급한 2명의 조선인 사제는 프랑스 선교사들과 함께 참수형을 당한 장주기, 황석두를 말하는 것 같으나, 그들은 사제가 아닌 평신도 회장들이었다.
9 『치명일기』 기록만 보아도 이때 처형된 신자 수는 이보다 월등히 많은 몇 백 명에 달했다.

리델 신부와 로즈 사령관의 대담이 한 차례 이루어졌다. 그 자리에 동석하고 있던 프랑스 부영사 드베리아(G. Devéria)는 리델 신부의 이야기를 듣고 파리에 급보를 보내 드루앵 드 루이스(Drouyn de Lhuys)에게 알렸다. 급보의 내용은 다음과 같다.

"러시아인들이 조계지를 확보하기 위해 조선의 한 항구에 출현했습니다. 이 사태에 대한 해결 방안으로 관헌 한 사람이 대원군에게 베르뇌 주교의 도움을 청할 것을 권했고, 대원군은 주교를 불러오게 했습니다. 그리고 조선 정부는 결국 러시아인들의 요구를 허락하지 않고 거부했습니다. 그러나 곧 러시아인들이 복수하지나 않을까 두려웠고, 때마침 청국으로부터 서양인들과 천주교 신자들을 처형할 것이라는 소식을 듣고는 조선 정부 역시 국내에서의 유럽인들의 정주(停住)를 근절하기 위해서 유럽인들을 제거하기로 결정했습니다. 그리하여 베르뇌 주교가 투옥되었습니다. 주교는 대원군과 다시 한 차례의 대담을 가졌고, 그때 그는 대원군에게 만일 외국인들을 가혹하게 대한다면 머지않아 보복을 당할 것이라고 선언했습니다. 주교는 다시 감옥으로 돌려보내졌고, 결국 처형되었습니다."

리델 신부의 이야기는 아주 애매했고 상황을 상세하게 설명하지 못했다. 그 후에 보다 명백하게 밝혀진 바에 의하면 그때의 상황은 이러했다. 당시 조선의 정파(政派)는 둘로 갈라져 있었는데, 한쪽은 권력을 장악하고 있었고 그 구성원들은 무슨 수를 써서라도 문호개방을 막으려 했다. 반면 혁명적인 작은 계파를 이루고 있던 또 다른 쪽은 전자와는 반대되는 성향을 띠고 있었다. 따라서 그들은 선교사들에게 우호적이었거나 혹은 적어도 그렇게 보였으며 그때부터 그들은 대원군에게 의심을 받게 되었다.

이와 같은 상황 속에서 선교사들의 개입은, 물론 선교사 자신들도 모르는 사이에 이미 이 일에 개입된 셈인데, 대원군의 의혹만 사게 되었다. 그러나 한편으로는 다음과 같은 사실을 시인해야 옳을 터이다. 선교사들은 여러 해 전부터 절대적인 자유를 누리고 있었기에,[10] 그들에게 내려진 사법적 평결과 평결에 따른 그들의 죽음이 바로 이 개입에 대한 기소와 연관되어 있다는 사실 말이다. 조선인들은 외국인들을 서로 구별할 줄 몰라서 외국인들 사이의 국적 차이도 두지 않았다. 게다가 선교사들이 정치적 혼란을 선동한다고 의심하기 시작한 날부터는 선교사들을 종교인으로 보지 않았고 다만 적으로 대해야 할 사람들로 보았던 것이다.

로즈 사령관이 듣기에 리델 신부의 서술은 그다지 명료하지 못

---

[10] 선교의 자유가 보장되지 않은 시기여서 선교사들이 자유를 누리지는 못했다. 다만 철종 연간에 선교사의 활동이 활발해졌고 묵인된 것은 사실이다.

했다. 그럼에도 로즈 사령관은 조선에서 선교사들에 대한 학살 사건이 발생했음을 이해했고, 마땅히 그가 행동을 취해야 할 상황이라고 판단했다. 그는 우선 자신이 방금 들은 소식을 벨로네에게 전했다. 한편 상하이 주재 총영사는, 리델 신부의 편지를 받은 카제나브(Cazenave) 신부로부터 이 소식을 듣고 7월 15일자로 급서 한 통을 파리로 발송했다. 급서를 통해 총영사는 "우리의 선교사들이, 너무 자주 그랬듯이, 그들이 체재하는 나라의 정치에 참여하느라 외곬으로 가야 할 종교인의 길을 벗어나려 했던 것은 아닌지 염려스럽다."라고 표명하며, "그것은 분명 선의의 지향을 갖고 그랬을 것이며, 보통사람 그 이상의 존재가 아니고서는 저 머나먼 나라에서 받는 유혹을 뿌리치기 힘들었을 것이다."라고 덧붙였다.

프랑스 공사대리는 로즈 사령관이 보낸 메모를 접하자마자 공친왕에게 서한을 보내 톈진조약 13조를 내세우며[11] 청국이 조선에 대한 종주권을 행사하여 이 사건에 개입해 줄 것을 요구했다. 그러자 공친왕은 두 나라가 무력에 호소는 것은 백성들의 생명을 위태롭게 만드는 일이며 자신의 역할은 두 나라의 싸움을 말리는 데

---

11 1858년 애로호 사건 이후 청나라는 서양의 여러 나라와 불평등 조약을 맺었다. 그 조약 안에는 선교사들이 중국 내륙까지 자유롭게 들어갈 수 있으며, 서양인 선교사뿐만 아니라 중국인 신자들까지도 지방관리들이 보호해 주어야 할 의무가 있다는 규정이 포함되어 있었다.

있을 것이라고 자신의 뜻을 밝히면서, 무엇보다도 조선에서 사형이 이루어지게 된 원인 규명을 위한 조사 작업이 선행되어야만 한다는 게 자신의 생각이라는 회신을 보내왔다.[12]

만일 벨로네가 청국의 조사 결과를 기다리고만 있었다면 족히 몇 달을 기다려야 했을 것이다. 과연 청국 정부가 원인을 규명하는 조사를 벌이기는 했지만, 이에 앞서 8월에 조선의 사신이 관례대로 베이징에 와서 상황을 설명하고 청국 황제의 배려를 보장받고 돌아갔다. 그러고 나서 청국 정부가 파견한 특사 한 명이 서울을 방문하여 사건을 심리하고 베이징으로 돌아가 10월에 공친왕에게 보고서를 올렸다. 이에 공친왕은 조사에 따르면 선교사들은 재판에 따라 선고를 받고 법적으로 처형되었다고 벨로네에게 통고

---

[12] 공친왕의 회신은 7월 16일자 공한인데, 이 부분에서 필자의 서술은 우리측의 사료와 차이를 보이고 있다. 벨로네가 공친왕에게 공한을 보내며 청국이 조선의 종주국 자격으로 개입할 것을 요구한 적은 있다. 이에 대해 총리아문은 조선은 천주교를 교습(敎習)함을 원치 않으며 또 조선이 청국의 속국이라고 하나 내치외교(內治外交)는 자주(自主)한다는 이유를 들어 거절했다(우철구, 「19C 후반 프랑스의 대외정책과 병인양요」, 『병인양요에 대한 역사적 성찰』, 1997, p.58 참조). 이에 벨로네는 본국과는 아무런 사전협의도 없이 7월 13일자로 공친왕에게 통첩문을 보내면서 프랑스 군대가 며칠 안으로 조선을 정복하러 진군할 것이며 차후로 조선왕국에 대한 청국 정부의 어떠한 권위도 인정치 않겠다고 선포했고 (뒤에 소개되는 공친왕에게 보낸 벨로네의 7월 13일자 공한 참조), 이 통첩문에 대한 회신으로 공친왕은 7월 16일자 공한을 보내면서 청국은 조선에서 선교사를 살해한 사실을 모르고 있었으며 가능하다면 무력에 호소하기에 앞서 조선에서 벌어진 사태에 대한 원인 규명 작업이 우선일 거라고 전한 것이다.

했다.[13]

그리하여 프랑스 공사대리는 공친왕으로부터 (조선에 대한) 어떠한 보복 결정도 보류해 달라는 회신을 받았을 때, 공친왕이 말하는 조사라는 것이 청국의 습관적인 지연책에 불과하다는 것을 깨닫고 그것을 무시했다.

하기야 벨로네가 청국 정부의 협력에 대해 일말의 기대라도 품었겠는가? 불과 몇 달 전의 일을 그가 어찌 잊었겠는가. 지난 3월 15일, 그가 봉가(Bonga) 포교지에서 일어난 약탈과 강탈에 뒤이은 뒤랑 신부[14]의 피살 사건을 총리아문에 통지하면서, 비록 티베트가 청국의 조공국이지만 이 사건의 경우엔 청국이 중재에 나설 수밖에 없음을 강조한 바 있었다. 사실 프랑스와 청국 간에 체결한 톈진조약 제13조에 따르면 선교 보호법(protectorat)[15]은 청국

---

13 "청국은 조선이 과연 프랑스 신부들을 살해한 사실이 있는지 사순(查詢)하기로 하고 예부로 하여금 조선에 자보(咨報)케 했다. 이에 조선정부는 8월 17일(음력 7월 8일) 회자(回咨)하기로 하고 회자문(回咨文)에서 프랑스 신부들은 본국에 불법 입국하여 부궤(不軌)를 기도했으므로 의법 처단했다는 사실을 상진(詳陣)했다." 국사편찬위원회 국역,『조선왕조실록』고종3년(1866 병인) 7월 8일자 기사.
14 필자는 프랑스 파리외방선교회 소속 선교사인 뒤랑 신부가 티베트에서 선교활동을 하다 1865년 봉가에서 일어난 박해를 맞아 박해자들에 의해 부상을 입고 쫓기다 강을 건너던 중 다리에서 떨어져 익사한 사건을 상기시키고 있다. *NECROLOGE DE LA SOCIETE DES MISSIONS-ETRANGERS DE PARIS*, 1932, p.193.
15 프랑스가 19세기 중엽 이후 국외에서 자국의 발언권을 강화해 나가던 방법이었던 '프로텍토라(protectorat)'는 '보호권' 또는 '보호령'으로 번역될 수 있다. 프랑스가 특히 중국

본토에만 적용될 뿐 코친차이나, 티베트, 몽골 그리고 조선과 같은 조공국을 대상 범위로 하지는 않기 때문에 프랑스가 톈진조약 제13조를 내세울 권리는 없었기 때문이다. 그러나 그는 티베트 선교지의 경우 프랑스 선교사들이 청국 정부의 보호나 베이징 주재 프랑스 공관으로부터 지속적이며 효과적인 보호를 받지 못할 수 있고, 그렇게 되면 그들이 두 나라 정부의 책임에서 벗어나게 되므로 티베트의 포교지는 청국 영토 안에서의 선교활동으로 편입시켜야 한다는 점을 일찍이 공식적으로 예고한 바 있었다고 덧붙이면서까지 청국의 중재를 요구했었다.

그렇지만 청국의 입장에서 보면, 민족의 기원이 한 뿌리인 만주인들과 조선인들이 타타르 왕조 출현 이래로 호의적인 관계를 유지하고 있는 터라 청국 정부가 공연히 분쟁에 끼어들어 이 좋은 관계를 굳이 깨고 싶지 않았던 것이다.

벨로네는 공친왕으로부터 회신을 받자마자 외교부로 전문을 발송했다. 8월 7일 파리에 수신된 전문의 내용은 이러하다.

"1866년 7월 13일. Traitz Kosavft 통신—조선에서 프랑스 선교사들과 조선인 신자들에 대한 대량 학살이 이루어짐. 로즈 제

에서 관철하고자 했던 보호권은 중국에 파견된 프랑스인 선교사들의 활동과 관련된 것이었으므로 이때 이 단어는 '선교보호권' 또는 '호교권'으로 번역될 수 있을 것이다.

독이 현장으로 출동. 항전은 없을 듯함."

동시에 그는 로즈 제독에게 급서(急書)를 보내어 조선의 이러한 모독 행위에 대한 응징을 늦추게 되면 청국에서 선교활동을 하고 있는 5백 명의 선교사들이 위험해질 것이라고 강조했다. 그리고는 서슴없이 해군의 도움을 요청하면서 해군 지휘권자(로즈 제독)에게, **프랑스 공사대리인 자신의 책임 하에서**,[16] 이번 테러 행위에 대한 보복의 임무를 맡겼다. 또한 그는 로즈 사령관에게 영사관으로부터 받았을 요구사항들은 전혀 고려하지 말라고 당부하며, 되도록이면 빨리 조선에 대한 적대행위를 시작하라고 전했다. 그리고는 다음과 같이 편지를 끝맺었다.

"본인은 조선에 대한 전투 개시, 결정적인 결별, 조선 국왕의 폐위를 선언하며, 공석으로 남아 있는 조선국의 왕좌에 대해서는 우리의 신성하신 황제폐하의 전적인 권한에 따라 그의 뜻대로 규정할 것임을 선언한다는 통첩문을 공친왕에게 공식적으로 전했습니다. 제독 귀하는 조선의 수도, 폐위된 국왕, 그리고 죽은 전 국왕의 어머니가 본인의 수중으로 인도될 때까지는 조선의 누구와도 교섭하지 않기를 바라며 그 누구의 권위도 인정하지 않기 바랍니다.

---

16 원문에 필자가 강조.

이제 조선에서는 프랑스 황제를 대리하는 권력 외의 다른 권력은 더 이상 존재하지 않습니다. 그러므로 귀하는 천주교와 문명을 위해 매우 열심히 일을 한 폐왕(廢王)의 부친이 공석인 왕좌에 적임자로서, 그것을 차지하고 있었던 자격 없는 사람들을 대신할 것임을 알게 될 것입니다.[17] 나라의 명운(命運)을 위임받은 (대원)군(君)이 프랑스 황제폐하의 보호령 아래에서 천주교를 공표해야 한다는 것이 우리의 성공적인 임무 수행과 명예를 위한 필수조건이라고 본인은 간주하며, 귀하도 같은 생각일 것입니다. 본인은 속죄의 의미로 죄인들의 재산이 희생자들의 가족에게 분배되기를 원하며, 또 귀하가 학살에 참여한 폐왕의 신하들을 본보기로 벌하고, 국고(國庫)는 국고대로 세수입의 절반을 몇 해에 걸쳐 불입함으로써 정의와 배상의 행위에 동참하기를 원합니다. 조선 원정과 점령 기간에 따르는 비용은 조선 국고에서 부담되어야 할 것이며, 또한 적대행위가 끝난 후 새로운 조선이 세계교역에 문을 열 때 귀하가 세관을 세워야 할 것이며, 조선이 상기의 비용을 모두 지불할 때까지 그 세관을 귀하의 수중에 두어야 합니다."

　이 분노에 찬 급서에 앞서 그는 공친왕에게 다음과 같은 공한

---

17 필자 주: 공사대리는 이 점에 대해서 잘못된 정보를 가지고 있었다. 리델 신부의 진술에 따르면 폐왕의 부친은 학살의 주요 추진자들 중의 한 사람이었다.

(公翰)을 보냈다.[18]

"전하, 본인은 비통한 마음으로 조선의 끔찍한 테러 소식을 공식적으로 전합니다. 조선은 현재까지 청국에 예속되어 있었으나 저러한 야만적 행위로 인해 영원히 청국으로부터 분리되었습니다. 프랑스 황제폐하의 정부는 이토록 잔인한 폭행에 대해서 처벌을 하지 않을 수 없을 것입니다. 조선의 국왕이 우리의 동국인(同國人)을 친 그날은 그의 치세의 마지막 날이었습니다. 그 행위로 그는 자신의 폐위를 스스로 선언한 것이나 마찬가지며, 오늘 본인도 그것을 엄숙하게 선언하는 바입니다. 며칠 안에 우리의 군대가 조선 정복을 향해 진군할 것이며 현재로부터는 프랑스 황제만이 오로지 그의 뜻대로 조선국과 공석인 조선국 왕좌에 대하여 처분할 권한과 힘을 갖습니다. 청국 정부는 조선에 대한 어떠한 권한도 영향력도 없다고 본인에게 여러 차례 선언했고, 또 이 구실을 대서 그 나라에 톈진조약을 적용하기를 거부하고 우리가 요청했던 우리의 선교사들을 위한 여권 발급을 거부했습니다. 우리는 이러한 선언을 법적으로 확인하는 바이며, 이로써 오늘 우리도 조선 왕국에 대한 청국의 어떠한 권한도 인정하지 않음을 선언합니다."

---

18 벨로네가 공친왕에게 보낸 7월 13일자 서한.

이 공한의 사본 한 장은 로즈 사령관에게 전해졌고 또 다른 사본은 프랑스 공시관 문 위에 붙여 놓았다!

이런 일이 일어나는 동안 로즈 제독은 동료 라 그랑디에르(la Grandière)로부터 코친차이나에서 폭동이 일어났으니 즉시 와 달라는 부름을 받았다. 그리하여 그는 조선에 관한 계획을 미룰 수밖에 없었고 곧 사이공으로 떠났다.

IV[19]

외교적인 차원에서 조선의 사건은 시작부터 순조롭지 못했다. 베이징 주재 프랑스 공사대리가 용인될 수 없는 요구를 내세웠던 것이다. 그는 청국 정부에 조선의 종주국으로서의 권한과 권리를 내세워 조선에 대해 텐진조약 조항을 적용시킬 것을 요구했다.

한편 청국 정부는 그의 요구를 단호하게 거절할 수 있었는데도 개입하기로 동의했는데, 그것은 청국 정부의 허세를 단적으로 보

---

19 원문에 "지난 8월 1일자와 15일자를 볼 것"이라는 각주를 달아 놓은 것으로 보아 마르탱의 원고 II, III 부분이 실렸던 것 같다. 하지만 자료를 구할 수 없어서 이번 번역 작업에는 포함시키지 못 했다.

여준 증거라 할 수 있다. 솔직히 프랑스 공사대리는 종주권의 실효성에 대해 결코 환상을 품은 적이 없었다. 그러므로 그는 자신의 견해를 청국에 드러내지 않는 것이 훨씬 나을 뻔했다. 왜냐하면 그는 청국에 중재의 공로와 사건 조사의 기회만 부여해 준 셈인 데다 그 사건 조사는 학살을 정당화하는 결과만 가져다 주었기 때문이다.

과연 청국은 조선에서의 학살이 정당함을 증명하는 조사 결과를 11월 28일, 다시 말해서 모든 것이 이미 종료된 무렵에 프랑스 공사관에 통고했다.[20]

공사대리는 이 같은 결과에 대해서 그다지 큰 충격을 받지 않았을 것이다. 로즈 제독의 함대가 패퇴한 이후로 공사대리의 머릿속에 조선은 오직 불쾌한 기억으로만 자리 잡고 있었다. 한편 그는 청국 정부가 조선과 공모한 것이 아니냐는 의혹을 숨김없이 표현했고[21] 청국 정부는 자신의 결백을 확언했다. 어쩌면 청국의 결백

---

20 청국의 총리아문은 7월 24일(음력 6월 13일) 예부로 하여금 프랑스 신부 학살에 대한 조선 정부의 자보(咨報)를 받게 했고 조선 정부는 이에 대한 8월 22일자(음력 7월 13일자) 회자(回咨)를 통해 프랑스 신부들이 조선에 불법 입국하여 불궤(不軌)를 기도했으므로 의법 처단한 당연한 처사였다고 변론했다. 공친왕은 공문을 통해 벨로네 공사대리에게 이 같은 내용을 그대로 전했다. 『한불관계자료』, p.205, 255-260.
21 벨로네가 공친왕에게 보낸 11월 11일자 공문 참조. 위의 책 p.259.

선언이 사실일 수도 있겠지만, 그렇다고 해서 청국이 드러내고 좋아할 것까지는 없었는데, 청국 정부와 백성은 프랑스의 조선 원정 실패에 대해서 굉장한 쾌감을 즐기고 있었다.

프랑스 공사대리는 이 첫 번째 과오를 범한 다음, 그에 못지않은 또 다른 과오를 범했다. 그것은 비록 군사 행동이 개시된다 해도 군사 지휘권이 그에게 부여된다는 것이 확신되지 않은 상태에서 승전을 장담하는 포고문을 궁궐 문마다 게시했다는 것이다.

제독은 공사대리에게 보내는 회신에서 매우 정중하게 예의를 갖추면서도 명백하게 암시하기를, 조선 원정을 단행하는 것은 자신이 사태에 기동적으로 대처하여 움직이는 것이고 자신의 책임하에 지휘하는 것이지, 공사대리의 명령에 따라서가 아니며 또 자신은 공사대리로부터 명령을 받을 이유도 없다고 했다.[22]

조선 원정에 대한 외교부의 실력 행사가 중단되고 군부의 행동

---

22 프랑스 해군부 장관은 9월 8일 로즈 사령관에게 조선 원정을 허락했다. 그러나 해군부 장관은 로즈가 해군부나 정부 자체를 이 사건에 연루시키지 않고서도 보복의 성공을 확신할 때 원정을 해도 무방하다는 조건을 덧붙였다. 이에 앞서 로즈 사령관은 해군장관에게 벨로네 공사대리의 월권적인 처사를 비난한 바 있다. 그는 벨로네 공사대리가 개인적 권한으로 조선에 전쟁을 선포하고 자신에게 출전을 명령한 사실은 용인할 수 없는 행위라고 비난했다. 청국과 조선 사이에는 주종관계가 존재하지 않으며 조선과 프랑스 사이에는 아직 외교관계가 없으므로, 조선과의 교섭은 당연히 군대 관할일 수밖에 없기에 거병(擧兵) 여하를 결정하는 것은 현지 사령관의 권한이기 때문이라고 했다. 위의 책.

으로 넘어간 것은 바로 그 즈음이다. 군부의 결단력은 신속하고 강력하지 못했다. 그럼에도 원정의 시작은 전도양양했고 유리하게 전개되었으나, 예기치 않은 (조선의) 저항에 부딪혀 결국 종지부를 찍고 말았다. 조선과의 접전이 벌어지는 과정에서 희생이 따랐는데, 사망자까지 발생하여 더욱 고통스러웠다. 하지만 그러한 희생이 처음 있는 일도 아니었으며 향후 다시 발생하지 않을 일도 아니지 않은가?

로즈 제독은 자신의 지휘력이 한계에 도달했다고 보았을까? 그는 베이징의 문호를 개방시킬 때 프랑스측에서 입었던 손실과 최근의 조선 원정에서 자신이 겪은 손실의 대차대조표를 만들어 본 후 그래도 청국 원정이 더 유리했다고 생각한 것일까?[23]

우리는 조선 원정의 전략적인 측면에 관해서 어떠한 판단도 내리기를 삼갈 것이다. 그러나 우리의 행동 원칙에 망설임이 있었으며, 행동을 개시했다가 돌연히 포기함으로써 결국 적으로 하여금 뒤에 있을 우리의 제2차 공격에 더욱 잘 대비하도록 용기만 불어

---

[23] 필자는 1858년 프랑스-영국 연합군이 광저우를 점령하고 북상하면서 톈진을 제압하여 청나라로 하여금 조약을 맺게 했던 사건을 떠올리고 있다. 전비의 배상, 외교관의 베이징 주재, 외국인의 중국 여행과 무역의 자유 보장, 기독교 포교의 자유와 선교사 보호 등의 주요 내용을 포함한 조약을 프랑스-영국 연합군이 주도함으로써 프랑스는 청나라에서 적지 않은 이권을 획득했다.

조선원정 10월 26일. 크로키: Zuber.

넣어준 꼴이 되었다는 점은 부인할 수 없다. 그리하여 우리는 제2차 공격에서 결국 패전하고 만 것이다.[24]

우리는 이렇게 자문해 볼 수 있다. 만일, 조선 원정이 사건 진상의 규명에 따른 정당한 원정이었다면, 비록 사건 자체의 내용은 가증스러웠을지라도, 그 점에 대해서는 일말의 의혹도 없었을 것이다. 그러나 어느 열강과도 외교관계가 수립되지 않은 폐쇄된 나라 안에서 벌어진 사건은 외교부의 영향권을 벗어나 있었다. 그래서 군부가 무력을 통해 배상을 요구하기로 결정했다면 어느 모로 보나 승전이 보장된 상태에서 비로소 행동에 착수했어야 했다. 로즈 제독에게 판단력이 부족했다면, 그 점에 있어서는 정부의 입김이 결코 작용하지 않았다는 것을 인정해야만 한다.

그 무렵의 제정기(帝政期) 아래서는 어떤 원정도 환영 받지 못했다. (원정이라는)이 단어만 들어도 멕시코의 유령이 떠오르는 것 같았고[25] 그러면서 또 한 번의 원정으로 야기될 또 다른 재앙에 대

---

24 프랑스 해군 사령관 로즈의 지휘하에 진행되었던 1,2차 조선 원정을 말하는 것 같다. 1차 원정은 조선의 수도 서울로 진입하기 위해 한강의 입구를 찾기 위한 정찰이었다. 로즈는 9월 18일 3척의 군함을 이끌고 지부를 떠나 서해안 군도로 진입하여 서해안과 강화 일대의 수심을 측량하고 지도를 작성하는 등 조선 해안 정찰을 마치고 10월 3일 지부로 돌아갔다.
25 나폴레옹 3세의 대(對)멕시코 간섭전쟁(1861-1867)을 말함. 제국주의적 야심을 멕시코에 펼치려 했던 나폴레옹 3세는 프랑스군을 내륙으로 진군시켜 멕시코시티를 점령하고

한 두려움과 지난 원정의 실패를 만회할 기회를 놓치고 싶지 않은 욕망 사이에서 갈등도 생겨나는 것 같았다.

조선 원정은 단행하지 말았든지, 아니면 민첩하고 단호하게 행동을 취했어야 했다.

그로부터 얼마 후 프랑스의 제2제정 정부는 극동의 어느 나라에 대한 원정 시도에 대해서도 철저하게 무관심했고, 조선 원정의 패배를 보복할 좋은 기회가 있을 때도 그것을 마다했다. 그 기회란 바로 이러한 것이었다. 1867년 3월, 워싱턴 주재 베르테미(Berthémy) 프랑스 공사는[26] 시워드(Seward) 미 국무장관으로부터 미국의 조선 원정에 프랑스가 협력해 줄 것을 제안받았다고 프랑스 외무부에 통고했다.[27] 그는 프랑스가 미국의 조선 원정에 협력한다면 로즈 제독의 원정 실패로 인해 실추된 프랑스의 영향력을

1864년 오스트리아의 대공 막시밀리안을 멕시코 황제의 자리에 앉혔다. 그러나 후아레스 정부의 격렬한 저항과 먼로주의에 입각한 미국의 항의 등으로 결국 프랑스군은 철수하고 원정은 실패로 끝났다. 결과적으로 제정의 위신을 국내외로 실추시킨 멕시코 원정은 루이 보나파르트의 대외정책 중 가장 큰 실정에 들어간다.

26 베르테미 공사는 주청 공사로 있다가 로즈 제독의 조선 원정 출동 전인 1865년 6월 4일 주미 공사로 전임되어 베이징을 떠나 파리에서 체류하다가 1865년 말경부터 주미 공사로 워싱턴에 부임했다. 베르테미는 후임 주청 공사가 임명되기 전에 발생한 병인양요에 큰 관심을 갖고 있었다.

27 베르테미 전 주청 프랑스 공사가 주미 공사로 전임되어 1967년 3월 6일 가진 시워드 미 국무장관과의 대담에서, 시워드는 청국에서 얻은 비슷한 조약(1844년 미-청 간의 망하조약)을 조선으로부터 얻어내기 위해 '미불 공동 조선 원정안'을 제기했다.

만회할 수 있을 것이라고 설명했다. 뿐만 아니라 시베리아 동부의 현실적인 한계와 기후의 혹독함으로 막힌 해양 진로 때문에 조선을 탐내는 러시아가, 조만간 조선을 흡수하기 전에 프랑스가 선수를 칠 수 있을 것이라고 했다.

베르테미 공사는, 미국의 제안을 받아들일 경우 목적을 달성하기 위해서는, 다시 말해서 조선으로부터 희생자의 가족들을 위한 보상금을 획득하고 조약을 체결하기 위해서는 베이징에서 프랑스와 미국이 동시에 조선을 압박해야 한다고 주장하면서, 그 점에 대해서는 베이징에 있는 버링검(Burlingam) 공사의 영향력을 기대한다고 했다. 버링검 공사는 유럽 국가들과 체결한 조약을 수정하여 (청국 정부가 몹시 불안해하는) 배상금 지불 시기를 늦춰 달라는 청국 정부의 부탁을 받아들여 조만간 유럽을 방문하기로 되어 있었다.

베르테미 공사는 목적을 달성하지 못할 경우엔 강압적인 방법의 힘을 빌리는 수밖에 없다는 의견을 내놓았는데, 이는 조선 원정을 재차 감행한다는 것이다. 그는 예전에 베이징 주재 공사로 있었기 때문에 로즈 제독의 실패가 우리 프랑스의 대외 영향력에 끼친 참담한 결과에 대해서 그 누구보다 더 잘 알고 있었다. 베르테미 공사는 미 국무부의 제안을 프랑스 외교부에 전달하면서도, 한편으로는 미국측의 협력 제의가 현실적이고 진지한 제의인지 아니면 멕시코 원정 때 시워드가 프랑스에 취했던 태도를 희석시키려는 의도를 숨기고 있는 것은 아닌지 의아해했다.

그런데 미국은 어떤 동기로 조선에 대해 무력을 시도하려 했던 것일까? 얼마 전 스쿠너선 제너럴셔먼호의 승무원 전원이 몰살되고 선박은 약탈당하고 소각되었다는 소식을 접했다. 그 모든 일이 서울에서 200킬로미터 떨어진 곳, 주민들이 다른 어느 곳보다 대담한 평안도[28] 연안에서 일어났다.[29]

시워드의 제안은 받아들여지지 않았다. 당시 해군부 장관이었던 리고 드 주누이(Rigault de Genouilly) 제독은, 프랑스는 조선에 대한 새로운 원정은 모두 사양한다는 소식을 베르테미에게 전해달라고 외무부의 동료에게 통지했다.

로즈 제독의 패전 소식은 지체 없이 청국 전역으로 퍼져 나갔

---

28 필자는 'Tieng-Han'이라고 표기했다.
29 1866년 미국 상선 제너럴셔먼호는 조선과의 교역을 위해 대동강으로 올라와 황주목사와 평안도 관찰사로부터 퇴거 경고를 받고서도 물러가지 않고 야간에 상륙하여 약탈까지 자행했다. 조선의 이현익이 부하들을 데리고 그들을 저지하기 위해 배에 접근했다가 제너럴셔먼호에 붙잡혀 감금당하자 조선측에서 그들의 석방을 요구했으나 미 상선측에서는 석방 조건으로 쌀과 금, 은, 인삼 등을 요구했을 뿐만 아니라 총까지 난사했다. 제너럴셔먼호를 조용히 퇴거시킬 수 없음을 판단한 박규수는 화공과 포격을 명했다. 제너럴셔먼호는 처음에는 공격을 피하다가 결국 여울에 걸려 움직일 수 없게 되었고 조선측에서는 썰물을 이용해 작은 배에 연료를 싣고 불을 붙여 공격하여 제너럴셔먼호를 불태웠다. 이로 인해 제너럴셔먼호의 승무원은 전원 사망했고 조선측에서는 13명의 사상자가 발생했다.

다. 베이징 정부는 그 소식에 통쾌해하면서도 프랑스 공관과의 공식적인 관계에서는 기쁨을 애써 감추려 했으나, 지방의 행정관들은 기회가 있을 때마다 이를 놓치지 않고 프랑스인들이 패하여 조선인들 앞에서 도망쳤다며 프랑스인들이 더 이상 무적의 상대가 아니라고 떠들어댔다.

베이징에서는 모두가 이 소식에 기뻐했다. 그리고 벨로네가 프랑스 공관 문 위에 붙여 놓았던 선전포고문이 모든 이들의 머릿속에 여전히 생생한 기억으로 남아 있었기에, 사람들은 저 계제에 맞지 않았던 선전포고문과 조선 원정의 실패를 연관시키며 빈정거렸다.

몇 달 후, 랄르망(Lallemand) 백작이[30] 베이징에서 편지를 보내왔는데, 베이징에서는 모두들 프랑스가 조선에서 패했다고 생각한다면서 제정 정부에게 미국의 협조 제의를 받아들일 것을 권하면서 청국의 중재를 통하지는 말라고 권고했다. 그리고 그는, 조선이 두 항구를 개방할 것, 선교사들에게 자유를 줄 것, 지난날의 선교사 살해범들에 대한 조사는 하지 않을 것 등의 사항들을 조선 정부와 직접 협상할 권한을 자기에게 위임해 달라고 요청했다.

앞서 보았듯이 프랑스 정부는 철저히 불간섭 입장을 견지했다.

---

30 베르테미 후임으로 임명된 주청 프랑스 공사.

정부의 이러한 입장으로 인해 우리 군부의 명예는 비참한 후유증을 겪어야 했다. 예전에 승승장구하며 베이징에 입성했던 우리의 병사들이 서울의 성문 앞에서 무너지다니! 청국의 온 나라에서 사람들이 저마다 프랑스의 패전에 대한 쾌감과 프랑스에 대한 증오를 섞어 자신의 견해를 만들어내느라 여념이 없었다.

그리고 얼마 지나지 않아 텐진에서, 조선이 프랑스에 복수를 톡톡히 한 셈이 된 참혹한 사태가 벌어졌다.[31]

사실 이 참사를 예고하는 조짐이 보일 당시, 폭동의 주모자들은 군중들에게 프랑스군이 조선에서 참패했던 옛 일을 상기시키며 군중을 선동했다. 이 사태로 말미암아 텐진에 있던 사람들은 누구랄 것 없이 모두 살해되었고, 프랑스 국기가 뽑혀 강물에 던져졌으며 영사가 살해되었다.[32] 그러나 당시 프랑스는 프로이센의 전쟁[33]을 치르고 있던 중이라 청국의 범죄 행위는 처벌되지 않은 채 남겨졌다.

---

31 마르탱이 말하는 조선의 보복 행위는 중국 텐진에서 발생한 천주교 신자와 비신자 간의 충돌을 말하는 것이다. 마르탱은 이 충돌이 발생했을 당시 중국인들의 프랑스인에 대한 적의감이 프랑스군의 조선 원정 참패에 고무되어 더욱 확산되었다고 보고, 이를 조선의 간접적인 보복 행위로 해석하였다.
32 1870년 6월 텐진의 프랑스 선교사가 지은 교회에서 아이들을 유괴한다는 소문이 돌면서 신자들과 비신자들 간의 충돌이 일어난다. 격노한 주민들이 교회와 근처 프랑스 영사관을 불태웠다. 후에 프랑스와 서양 6개국은 청국 정부에 사건에 대한 배상금을 요구한다.
33 보불전쟁(1870. 7. 19.-1871. 5. 10.). 이 전쟁으로 프랑스는 유럽 대륙에서 주도권을 잃었고, 프로이센이 주축이 된 독일제국이 탄생했다.

한편 우리의 해군부가 얻어내지 못한 배상을 한 선교사가 혼자의 힘으로 얻어낼 계획을 꾸몄으니, 그가 도모한 방법이란 바로 이러한 것이었다.

그 선교사의 이름은 페롱인데, 그는 앞에서 이미 언급한 바 있는 조선의 프랑스 선교사 학살 당시 살아남은 선교사들 가운데 한 사람이었다. 그는 조선의 강가 어느 곳에 왕릉 하나가 있다는 것을 알고 있었는데, 그곳에는 조선인들로부터 나라의 수호신처럼 추앙되고 있는 한 왕의 유해가 안장되어 있었다. 매번 외국의 침공이 실패하고 돌아간 것도 바로 그 왕릉 덕분이라고 조선인들은 믿고 있었다. 또한 그 왕릉에는 보물도 매장되어 있었다.

페롱 신부는 강가의 그 지점을 알고 있었으므로 그곳에 상륙해서 유골을 도굴하여 탈취한 뒤 살해된 동료 선교사들에 대한 정당한 배상을 받은 후에야 조선인들에게 돌려줄 계획이었다. 무덤에서 파낸 보물들은 그의 계획을 실행하는 데 동참한 이들을 위한 보수로 돌아갈 몫이었다.

그리하여 그는 오페르트라는 함부르크 출신의 유태인과 젠킨스(Jenkins)라는 미국인과 교섭했다. 젠킨스는 범선 차이나(China)호와 강줄기를 따라 올라갈 때 예인해 줄 증기선 1척을 제공했다. 그리고 요코하마 출신의 조타수가 소형선단을 지휘하기

로 했다.[34]

그들은 7월에 출발하여[35] 비교적 험난한 항해를 한 끝에 묘가 있는 지점에 도착했다. 페롱 신부는 묘지기의 감시를 피할 수 있으리라 기대했고, 조선인 신자 몇 명과 일을 꾸민 다음 자신의 계획을 끝까지 무사히 수행할 수 있으리라 생각했다.

그러나 그의 기대는 어긋나 전투까지 치러야 했다. 그때의 싸움에서 선원 여러 명이 부상을 입었고 스페인계 마닐라 선원 한 명이 사망했다. 페롱 신부, 오페르트 그리고 젠킨스는 간신히 차이나호에 상선하여 상하이로 돌아왔다. 그들은 수호신을 무덤 밖으로 꺼내지도

---

[34] 중국 상하이를 근거로 활동하던 유태계 독일 상인 오페르트는 이미 1866년 8월 6일(음력 6월 26일) 충청도 해미에서, 그리고 8월 20일(음력 7월 11일)에는 강화도에서 조선에 통상을 청했다가 퇴거당한 적이 있다. 병인박해를 피해 중국으로 간 페롱 신부는 베이징 주재 프랑스 공사 랄르망에게 재차 조선 원정을 강력히 주장했으나 프랑스 본국으로부터 거절당하자 상하이에 있던 오페르트에게 접근하여 남연군의 묘를 도굴하도록 원정을 권유했다. 그리하여 상하이 주재 미국 영사관의 통역으로 중국어에 능통한 미국인 젠킨스를 자본주로 하여 프랑스인 선교사 페롱을 통역관 겸 보좌관으로 삼고, 선장 묄러, 조선인 모리배 2명, 백인 8명, 조선인 천주교인 약간 명, 말레이시아인 20명과 유럽, 필리핀, 중국 선원 등 총 140명으로 도굴단을 구성, 680톤의 기선 차이나호에 8톤급 소증기선 그래타호를 달고 일본 나가사키를 거쳐 4월 18일 당시 홍주목 신평현(현 당진군 신평면) 행담도(行淡島)에 북독일 연방의 국기를 게양하고 정박했다. 이 원정에서 페롱 신부는 살해된 선교사들에 대한 보복과 선교의 자유를 얻으려했고, 오페르트와 젠킨스는 통상 협정을 달성하려고 했다. 이들은 충청도 덕산군 고덕면 구만포에 상륙하여 남연군의 묘를 파헤쳤다. 김진소, 『천주교 전주교회사 1』, 천주교전주교구, 1998, p.287.

[35] 도굴사건은 1868년 5월 10일(음력 4월 18일)에 발생했으니, 마르탱이 잘못 알고 있었던 것 같다.

못하여서, 그 수호신은 여전히 보물과 함께 무덤 속에 묻혀 있다.

페롱 신부는 무슨 생각으로 이러한 무모한 행동에 자신을 내맡겼을까?

동료들의 죽음을 복수하고 싶어 하는 신부의 심정은 이해되지만, 신부가 최근에 겪은 고통으로 격앙된 감정에 정신이 흐려지지 않은 이상 이와 같은 방법을 선택한 것은 용서할 수 없는 일일 것이다. 만주에 있는 그의 동료 선교사들은 페롱 신부의 행위에 대해서 이렇게 비난했다. 그가 민법적으로나 형법상으로 어떤 상황에 놓이게 될지 잘 알고 있었기 때문이다. 우선, 설사 그가 성공했다 하더라도 그가 묘를 침해하는 잘못을 저지른 것만큼은 분명한 일이고, 그것은 세계 어느 나라 어떤 상황에서도 범죄행위다. 특히 이번 경우의 범죄는 조선의 신자들에 대한 또 한 번의 박해가 가해지는 결과를 초래하고 말았다.[36] 페롱 신부가 자신의 행동으로

---

[36] "그들의 소행은 박해의 불길에 풀무질을 한 꼴이 되었다. 대원군은 천주교도 색출과 처단에 온 힘을 쏟았고, 그 잔악한 참상은 형언할 수 없었다. 조선 정부는 오랑캐가 양화진까지 침입한 것은 천주교도들 때문이고, 우리의 강물이 오랑캐의 선박에 의해 더럽혀진 것도 천주교도들 때문이라 여겼다. 따라서 그 더럽혀진 강물을 천주교도들의 피로 정수해야 한다는 구실로 양화진(현재의 절두산)을 새로운 형장으로 만들어 수많은 신자들을 죽였다. 대원군은 어느 때보다 더 맹렬한 명령을 내렸다. 그는 10월 15일 전국 진영에 이르기를, 천주교도라면 여자와 어린아이 가릴 것 없이 최후의 일인까지 모조리 죽여 씨를 말리라고 엄명했다." 김진소, 앞의 책, p.288.

인해 직면해야 했던 또 다른 문제는, 당시의 부상자와 사망자에 대한 책임 추궁을 면할 수 없게 되었다는 것이다. 그러나 이러한 추궁은 결국 오페르트와 젠킨스 쪽으로 돌아갔고, 그들은 각각 그들 나라의 영사 재판을 받았다. 페롱 신부가 책임 추궁을 모면할 수 있었던 것은 프랑스 총영사의 배려 덕분이었다. 총영사는 페롱 신부와 관련된 사건을 은폐하고 페롱 신부가 다음 번 여객선을 타고 유럽으로 돌아가도록 했다.

프랑스 공사가 베이징으로 올라가는 길에 잠시 상하이에 들렀을 때 페롱 신부와 나누었던 대담은 당시 페롱 신부가 자신의 계획에 얼마만큼이나 고착되어 있었으며 그의 격정이 어느 정도까지 이르렀는지 잘 드러내준다.

공사는 그에게 그러한 계획이 얼마나 심각한 사태를 초래할 수 있는지를 설명하며 만류했고, 그것으로 공사는 신부가 그의 계획을 단념한 줄로만 믿고 있었다. 그러면서도 공사는 한 선교사의 정신 속에서 그와 같은 무분별한 생각이 싹틀 수 있다는 사실에 적지 않은 충격을 받았다. 그리하여 공사는 임지로 돌아오는 즉시 모든 주교들에게 회람문을 돌려 주교의 지휘 아래 있는 모든 선교사들을 단단히 조심시켜 달라고 권고했다.

헌신과 자기희생으로 온 생을 사는 선교사들을 존경하고 또 그들은 존경받아 마땅한 사람들이다. 그러나 순교는 하나의 목적이 되어서는 안 되며, 선교활동 중에 일어날 수 있는 우발적인 상황 속에서 택할 수 있는 하나의 방법이어야 한다. 한마디로 말해서 선교사는 결코 죽음을 향해 달려서는 안 될 일이지만 그렇다고 선교사가 자신의 소명과 신앙의 승리라는 명분을 앞에 두고 죽음 앞에서 뒷걸음질 쳐서도 안 되기 때문에, 순교는 그때 피치 못해 택할 수 있는 하나의 방법으로 간주되어야 할 것이다.

순교에 대한 이와 같은 해석은, 프랑스가 극동 국가들에게 행사하던 보호권(protectorat) 조항에 명시되어 있었을 것이다. 보호권은 1845년의 황푸조약[黃埔條約][37]과 그 조약을 재확인하고 조항을 더욱 추가하여 규정한 1860년의 베이징조약에 기초를 두고 있다. 랄르망 공사가 회람문에서 당부한 신중한 태도와 함께 명심해야 할 점은, 이 보호권이 보다 효율적으로 관철되기 위해서는 이 권한이 부적절한 열의와 맹목적인 간섭으로 말미암아 빚어지

---

[37] 원문에는 라그르네(Lagrenée) 조약으로 표기되어 있다. 1844년 10월 24일 청나라 정부의 전권대신 치잉과 프랑스 대사 테오도어 드 라그르네 사이에 맺은 조약을 말한다. 조약의 명칭은 조약이 서명된 광저우 부근의 황푸에서 체결되었기 때문에 지역명을 따서 불렸다. 이 조약은 아편전쟁의 결과물인 난징조약의 마무리를 위한 조약으로, 다섯 개의 항구를 프랑스의 상인에게 개방한다, 중국에서 프랑스의 치외법권을 인정한다, 고정관세를 유지한다, 영사를 상주시킬 권한을 갖는다 등의 조항을 포함하고 있다. 그 결과 100년간의 '조계시대'가 열리게 된다.

는 불미스러운 사건 때문에 위협을 받아서는 결코 안 된다는 것이다.[38]

1869년 5월경, 러시아 정부는 포함(砲艦) 한 척을 파견하여 조선 해안의 수로를 측량하도록 했다. 페리에르 군도에서 멀지 않은 곳에 접근한 러시아 포함은 선원들이 하선하려는 순간 느닷없이 총격을 받았다. 그들은 간신히 군함으로 돌아가 임무도 수행하지 못한 채 러시아로 돌아갔다.

조선 해안에 유럽 선박들이 빈번하게 출현하여 조선 정부가 청국 정부에 조언을 청한 것은 불과 1년 전의 일이다. 이에 대한 회답을 작성해서 보낸 사람은 북양대신 이홍장이었으며, 그가 서울에 보낸 회신 내용은 이러하다.

"유럽에는 벨기에라는 왕국이 있습니다. 그 왕국은 그리 크지도 않고 국력도 약하며 이웃의 여러 강대국들에 둘러싸여 있습니

---

[38] 필자 주: 청국 정부와의 사이에서 프랑스 선교사들의 난점은 특히 토지 반환 청구와 토지매입과 관련된 문제들이었다. 1860년의 조약에는 "프랑스 선교사들이 (청국) 전역에서 토지를 임차하거나 매입하여 건물을 세울 수 있도록 허용한다."는 조항이 추가되었다. 그런데 이 조항은 기습적인 조항이었고 만일 그로(Gros) 남작이(베이징조약 체결 당시의 프랑스 대사) 이것을 알았더라면 분명 이 조항을 철회했을 것이다. 이 조항은 조약 체결 시 프랑스 대사의 통역을 맡았던 들라마르(Delamarre) 신부가 넣은 것이다. 이 조항은 빈번한 분쟁과 충돌의 원인이 되고 있고, 그로 이후의 북경 주재 프랑스 공사들이 모두 이 점을 잘 알면서도 이 조항을 지키게 할 수밖에 없었으니, 이 조항이 이미 조약에 포함되어 있었기 때문이다.

다. 그러나 이웃 국가 중 그 어느 나라도 이 왕국을 위협하지 못합니다. 왜냐하면 어느 한 국가가 이 왕국을 위협하면 나머지 다른 국가들이 곧 동맹을 맺고 대항할 것이기 때문입니다. 바로 이러한 조건에서 벨기에는 자발적으로 문호를 개방했습니다. 영국이 우리의 의지와는 상관없이 강제로 청국에 들어오려고 하여 우리 청국인들이 영국군에 맞서 대항하자 영국군은 다른 나라와 연합하여 우리에게 조약 체결을 강요했습니다. 조약 체결 이후로 청국은 세계 시장에 문호를 개방했습니다. 그리하여 앞으로는 세계 열강들이 저마다 추구하는 다양한 이권 다툼으로 청국을 침략하는 것은 불가능하게 되었습니다. 이제 청국은 어떠한 위험을 무릅쓸 염려도 없이 안전합니다. 그러니 조선도 문호를 개방하십시오. 그것만이 외국의 습격에서 조선을 구해내는 유일한 방법입니다."

이어서 이 청국인 자문관은 이렇게 덧붙였다.

"그러나 조항을 규정하는 데 있어서 조심하여 선교사들의 입국이나 아편 시장에 대해서는 동의하지 않도록 하십시오."

최근에 조선은 세계 시장에 문호를 개방했다. 이로 인해 러시아 병합주의자들의 시도에 제동이 걸렸다. 여러 강국들이 이미 조선과 조약을 비준했다. 미국은 조약에서 아편 금지 조항을 인정했다. 프랑스는 톈진조약의 조항을 모방하여, 선교사 관련 조항을 삽입

할 것을 요구했지만 아직 조선으로부터 그에 대한 동의를 얻어내는 데 성공하지 못했다.

선교보호권 조항은 앞으로 두 정부가 진지하게 주의를 기울여야 할 항목들 중의 하나이다. 이 조항은 종교적인 측면과 정치적인 측면, 이 양 면을 조망하며 검토하는 것이 합당하기 때문이다.

이 (조선) 원정을 통해 한 가지 사실이 부각되었다. 이는 통킹 원정이 시작된 현재의 시점에 비추어 볼 때 그 중요성이 더욱 크다고 할 수 있다. 그 사실이란 바로 청국이 조선에 대한 종주권을 상기했다는 점이다. 공친왕이 프랑스 공사대리에게 보낸 공문이 입증한 바와 같이 청국은 조선에 대한 종주권을 결코 거부하지 않았다. 우리는 그의 공문에서 청국의 진정한 속마음을 재확인할 수 있었다. 청국의 종주권에 대한 또 다른 증거는 청국 정부가 지시하고 행한 (조선에서의 프랑스 선교사 살해 사건에 대한) 조사 작업이다. 청국 정부가 지시하여 수행된 이 조사 결과는 따질 것도 없이 (a priori), 이미 조선 정부가 내린 조사 결과와 당연히 같을 수밖에 없었고, 외국과 관계된 사건이었기 때문에 속국은 종주국으로부터 면책받게 되어 있었다. 거기에서 청국은 종주국으로서의 거만함을 적지 않게 드러냈지만, 그렇다고 그것이 로즈 제독의 원정을 막지는 못했다. 로즈 제독의 원정은 결과적으로 실패로 이어졌지만, 이 실패는 향후 벌어질 일에 대해서 더 이상 관여하지 않을 속셈으로 조선에 대해 어떤 효력도 없는 종주권을 행사하는 데 그쳤던 청국과는 아무런 상관이 없다.

    그러므로 우리는 통킹 원정에서는 이렇게 해야 할 것이다. 프랑스 외교부는 통킹 원정 때 들려오는 청국 정부의 불만이나 하소연 따위에 전혀 개의치 않을 것이며 청국이 호전적인 시위를 벌인다 해도 그것에 신경 쓰지 말아야 할 것이다.

전 베이징 주재 프랑스 공사관 소속 의사
CH. 마르탱

역자 후기

병인양요에 관한 두 편의 기록

쥐베르의 「조선 원정기」와 마르탱의 「1866년 조선 원정」은 식민지를 확장하고 아시아 지역에서 통상 대상국을 넓히려 했던 프랑스 극동함대가 1866년 조선에서 일어난 천주교 박해를 빌미로 원정이라 명명하여 강화도를 침공한 사건, 즉 병인양요에 관한 두 편의 기록이다. 두 저자 모두 병인양요와 직접 혹은 간접적으로 관련된 인물이라는 점에서 그들의 기록은 눈길을 끈다. 쥐베르는 해군 소위 후보로 두 차례의 강화도 침공에 투입되어 당시의 군사작전을 상세히 기록하였을 뿐만 아니라 강화도 점령 후 외규장각 약탈 현장도 생생하게 묘사했다. 반면 베이징 주재 프랑스 공관 소속 의사였던 마르탱은 강화도 침공 발단부터 패퇴까지의 진행 과정을 순차적으로 기술했는데, 병인양요를 바라보는 '그들'의 시각을 여과 없이 보여준다.

병인양요는 한국사의 중요한 한 사건이다. 그런 만큼 프랑스측에서 기록한 그들의 원정기는 우리측의 사료와 더불어 연구 자료의 터를 더욱 넓혀 준다는 데 큰 의미가 있을 것이다.

쥐베르의 「조선 원정기」

앙리 쥐베르(Henri Zuber, 1844~1909)의 조선 원정기는 잡지 「르 투르뒤몽드(Le Tour du Monde)」(1873)의 401쪽부터 416쪽에 걸쳐 실려 있다. 1860년에 창간된(1914년에 폐간) 이 잡지는 '세계일주'라는 제호가 명시하듯, 19세기 중후반 '아직 탐사되지 않은 미지의 땅'과 '여행자의 발길이 닿지 않은 곳'들을 찾아다니며 그곳의 역사와 풍물을 소개했는데, 특히 판화를 비중 있게 실어 독자들의 시각적 욕구를 충족시켜 주었다. 쥐베르의 원정기가 실려 있는 25호에는 그가 강화도에서 스케치한 조선인 관장, 농가, 강화부 전경 등의 데생 10컷과 조선 전도 1장이 포함되어 있다. 당시에 「르 투르뒤몽드」와 비슷한 성격의 잡지로는 「르몽드 일뤼스트레

(Le Monde Illustré)」, 「일뤼스트라시옹(L'Illustration)」 등이 있었는데, 이러한 잡지들은 산업혁명 초기 새로운 교통수단의 등장으로 늘어난 여행인구를 독자층으로 겨냥하여 미지의 세계에 대한 호기심을 자극했다.

쥐베르가 그의 원정기 도입부에서 자신을 "세상에 거의 알려지지 않은 한 나라의 국민들을 방문"한 적이 있는 여행자 정도로 소개하면서 조선의 지리, 인구, 고대사 등을 기술했던 것도 바로 자신의 글이 실릴 잡지의 성격에 맞추기 위해서였을 것이다. 이 부분에 대한 서술을 위해서 그는 파리외방전교회 선교사들이 남긴 기존의 자료를 참고했던 것 같다. 그중 그가 동양학자 로니의 정보에 빚졌다고 고백하는 고대사 서술 부분은 정보의 오류가 있어 독자가 가려 읽어야 한다. 삼한정벌설과 같은 식민지 사학자들의 주장을 무비판적으로 인용하거나 동북아시아의 패자로 군림하던 고구려의 역사를 축소 혹은 배제한 점, 조선의 문명이 중국과 일본의 그것에 미치지 못한다고 단정한 부분 등은 쥐베르가 참고한 자료의 한계를 극명하게 드러낸다.

조선 소개에 이어 쥐베르는 조선에 들어와 선교활동을 펼쳤던 프랑스 선교사들의 자료를 기준으로 조선천주교회사를 간략히 기술하면서, 1866년 초에 발생한 천주교 박해와 그로 인한 자국 선교사들의 처형을 강화도 원정 단행의 동기로 해석한다. 그리고 극동함대 시령관 로즈가 지휘했던 두 차례의 원정을 상세하게 기술하는데, 여기서부터 쥐베르는 자신이 로즈의 함대에 투입되어 수행했던 강화도 예비정찰과 전투에 관한 기록을 전개하므로 그의 서술은 일종의 증언록으로 기능한다.

당시 해군 소위 후보생으로 출정하였던 쥐베르는 한강 입구를 찾기 위한 제1차 예비 정찰 원정(9월 18일~10월 3일) 과정과, 강화성을 점령하고 이어서 서울까지 진입하려다 정족산성 전투에서 조선군에게 패하여 퇴거하기까지 제2차 원정(10월 11일~11월 18일)의 군사작전 진행 과정을 낱낱이 전개하는데, 그들이 서강 진입로의 수로 형태를 면밀히 조사·관찰하고 수도 서울까지 진입하려고 시도했다는 점은 원정 목적을 과연 선교사 살해에 대한 응징 차원으로만 볼 수 있는 것인지 의심하게 한다.

프랑스군이 강화부를 점령한 이후의 대목부터 그의 서술은 더욱 세밀해진다. 강화도의 가옥 구조, 조선인들의 복식, 지방관 수행원들이 쓰고 있던 갈모, 농가의 구조, 동헌의 건축 양식과 실내 장식, 조선 정부의 공문을 전하러 온 관헌의 맵시 있는 관복 등을 세심하게 관찰하여 기록했는데, 이는 이국의 민속학적 정보를 채취하여 데이터베이스화하던 19세기 후반의 전형적인 기행문 기술

형식을 따르는 것이다.

쥐베르는 조선 원정 후 얼마 지나지 않아 평생 화가의 길로 들어선 인물로, 그의 미술가적 관찰과 감수성은 이 책의 곳곳에서 드러난다. 전등사 불화를 꼼꼼하게 감상하고 미술작품으로서 높이 평가하는 대목에서는 그의 비평가적 안목을 볼 수 있고, "매혹적인" 강화 마을의 전경과 갑곶의 이른 아침 풍경을 스케치하듯 묘사하는 대목에서는 그의 붓 터치를 따라 한 폭의 수채화가 완성되어 가는 인상을 받는다. 그러나 한 마을 주민이 모두 두려움에 떨며 제 집을 버리고 달아나게 해 놓고 느긋하게 "소풍"을 즐기듯 풍경을 감상했을 것을 떠올리면, 그의 시선에 담긴 강화 풍경이 안쓰럽게 다가오는 건 어쩔 수 없다.

그는 호기심을 이기지 못 하고 어느 집 규방을 침입하여 들어가 여성의 화장품까지 뒤져 일일이 묘사해 놓았다. 이는 「르 투르 뒤몽드」의 독자층인 부르주아들의 호기심을 충족시키기 위한 엿보기 서술이겠으나, 우리들에게는 제국주의의 야만성을 다시 한 번 입증해 주는 단면일 것이다. 어디 이뿐이랴, 외규장각 약탈 장면은 현재까지 해결되지 않은 문화재 반환 문제를 떠올리며 독자의 마음을 안타깝게 한다.

쥐베르는 일찍이 산업혁명을 경험한 근대시민으로서의 관찰력도 발휘한다. 그는 특히 강화부 성내의 도시 구조와 도로 상태에 주목했는데, 강화부와 수도 서울을 연결하는 주요 도로에 장애물이 많은 것은 국가 비상사태에 대비하기 위함이라고 해석했다. 이러한 해석은 오스만 남작의 도시계획 아래 수행되었던 파리시 개조에서 시위를 예방하기 위해 골목을 없애고 대로를 건설한 이데올로기와 연결되는 맥락이다. 이외에도 조선 정부가 시행한 산업 독점의 단점을 지적한 부분이나, 풍부한 광물자원을 소유한 조선이 장차 광물자원 수출국으로서 중요한 자리를 차지하게 될 것을 읽어 내는 그의 경제적 식견도 주목할 만하다.

끝으로 자신의 원정기를 마치면서 고백하는 자성의 목소리는 큰 울림을 낸다. "유럽의 국가들이 처음 접촉하는 이국의 국민들에게 폭력을 드러내고 횡포한 요구를 주장하는 일이 너무 빈번하다. 일단 그 나라가 아직 전신기를 갖지 못했고 또 그들 문명의 본원이 우리의 그것과 다르면, 우리는 그들이 입는 폐해를 감안하지도 않고 주민들의 모든 권리를 침해하는 것이 마치 우리에게 허락된 줄로 생각한다."

앞서 기술한 바와 같이 쥐베르는 프랑스 내에서 풍경화가로 널리 알려져 있다. 화지(畵紙)를 제조하는 큰 규모의 공장을 경영해 온 집안에서 자란 그는 자연히 어려서부터 그림에 관심을 가졌다.

그리고 극동함대 소속 해군으로 짧은 군 생활을 마친 후 1868년에는 클로드 모네와 오귀스트 르누아르의 스승이었던 샤를르 글레르의 제자로 들어가 본격적인 화가의 길로 들어섰고, 주로 바다와 풍경을 화폭에 담으며 자연주의 화가로 평생 활동했다. 예술가적 감수성을 지닌 필자였던 만큼, 그는 한때 자신이 몸담았던 군부와 함께 제국주의의 무력으로 강화부 주민들에게 폭력을 행사했던 지난날의 원정을 돌이키면서 최소한 자성할 줄 아는 인물이었던 것 같다.

최근에 웹을 뒤적거리다 프랑스에서 지난해 그의 사망 100주기를 기리는 행사가 있었다는 것을 알게 되었다. 연초엔 화집이 출간되었고 여름엔 그의 고향 알자스에서 회고전이 열리기도 했다. 참으로 우연히 발견한 정보 앞에서 잠깐 묘한 기분이 들었는데, 이곳에서의 그의 원정기 번역 출간이 그곳의 추모행사와는 무관한 일이지만 그렇다고 그의 족적과 아주 상관없는 일은 아니기 때문이다.

마르탱의 「1866년 조선 원정」

마르탱의 「1866년 조선 원정」은 1883년 「스펙타퇴르 밀리테르

(Spectateur Militaire)」(22권, 7~9월호)지에 소개되었다. 정확히 말하면 역자는 원본의 출처인 「스펙타퇴르 밀리테르」지를 직접 확인할 방법이 없어서 한국문학번역원에서 제공한 복사본에 써 있는 (누군가가 손으로 써 놓은) 서지사항을 그대로 원본의 출처로 보고 있는 것이다. 역자가 확인할 수 없었던 또 한 가지는 마르탱의 「1866년 조선 원정」에서 누락된 부분이다. 그의 글은 4회 분량으로 나뉘어 연재되었던 것 같은데 이번에 역자가 번역한 것은 1회와 4회에 해당하는 글이다. 2회와 3회의 원본은 아마도 LG연암문고가 자료를 수집하는 과정에서 확보하지 못했거나 원본 자체가 소실되었을 가능성도 있다고 추측해 본다. 1회에서 마르탱은 프랑스 극동함대가 조선 원정을 계획하고 본격적으로 조선에 출정하기까지의 배경을 서술했고, 4회(종결부)에서는 조선 원정 실패의 원인을 분석하고 패전으로 인해 동아시아권에서 프랑스의 패권이 실추된 것을 재확인한다. 이로 보아 누락된 2, 3회의 원고는 9월의 강화도 예비정찰과 10월의 본격적인 침략 원정의 과정을 기술한 내용일 것으로 추정된다.

「1866년 조선 원정」의 필자 마르탱은 당시 베이징 주재 프랑스 공관 소속 의사였다. 따라서 그는 외교기관 차원의 정보와 조선 원정을 둘러싼 이야기들, 특히 원정의 실패에 대해 베이징 주재 프랑스 공관 내에 형성되어 있던 담론을 접할 수 있었을 것이다. 그래서인지 조선 원정을 조각하는 그의 시각은 입체적이며 다층적이다. 그가 수집한 폭넓은 정보량과, 원정 종료 후 17년이 지난 시점에서 조선 원정을 재조망하고 점검한 그의 분석 덕분에 우리는 병인양요에 대한 프랑스측의 총체적 해석과 평가를 들여다볼 수 있다. 바로 이 점이 그의 글이 지닌 미덕일 것이다.

그의 분석과 비판은 비교적 객관적이다. 그러나 그의 글이 실린 잡지가 군부 기관지라는 점과 결론에서 드러나는 그의 논지를 의식하면, 그의 객관적 분석 역시 어쩔 수 없는 한계를 지니고 있음을 알게 된다. 그의 논지는 주로 선교사 보호권과 청국의 종주권 사용을 둘러싸고 전개된다.

마르탱은 조선 원정의 발단이 되었던 1866년 병인박해로 거슬러 올라가 당시에 박해의 원인으로 알려졌던 사항들을 점검한다. 러시아군의 조선 국경 월경 시위 건이 사실무근임을 확인한 마르탱은 박해의 원인에 대해서 선교사들과는 다른 주장을 전개한다. 선교사들이 전하는 박해의 진상은 다음과 같다. 대원군 정권이 통상을 요구하는 러시아를 견제하기 위해 조선에서 활동하던 프랑스 주교 베르뇌를 통해 조선-프랑스 동맹을 맺으려 했으나, 청국에서 서양인과 천주교인 들에 대한 박해가 일어났다는 소식을 접하고는 갑작스럽게 정책을 수정하여 조선에 입국한 프랑스 선교사들을 숙청했다는 것이다. 그러니 마르탱은 대원군에게 조선-프랑스 동맹을 제안한 인물들이 대원군 정권을 전복하려는 당의 구성원들이었으므로 애당초 대원군이 주교를 그들과 같은 음모자로 간주했다고 보았다. 따라서 베르뇌 주교는 자신도 모르는 채 조선 내부 정치 싸움에 말려들어 대원군에게 자신의 활동 사항을 고스란히 노출시킨 셈이 되었고 그 결과로 희생되었다는 것이다. 마르탱은 비록 주교와 선교사들이 의도적으로 조선의 내정에 간섭하지는 않았다 하더라도, 그들의 희생이 조선의 실정법을 어긴 데에 대한 법적 처단이었다는 점을 시인해야 한다고 보았다.

이 같은 분석이 선교사들의 단층적인 시각의 한계를 탈피한 것은 분명하다. 그러나 마르탱의 의도가 조선의 입장을 객관적으로 수용하는 데 있지는 않았던 것 같다. 페롱 신부의 남연군 묘 도굴사건 이야기를 하는 대목에서 알 수 있듯이, 그가 진정으로 우려한 것은 선교사들의 과도한 선교 열정 혹은 무모한 행동으로 식민지 확장 정책에서 주요한 전략으로 쓰이던 선교사 보호권(protectorat)이 위협받을 수 있다는 점이었다.

당시 프랑스는 톈진조약으로 청국에서 획득한 선교사 보호권을 청국의 속국으로까지 확장하여 발언권을 강화하려고 했다. 하지만 이를 견제하는 청국의 종주권 주장으로 갈등을 겪을 수밖에 없었다. 병인박해에서 병인양요로 이어지는 역사적 순간에도 마찬가지였다. 조선에서의 선교사 학살 사건에 항의하며 벨로네가 청국 총리아문의 공친왕에게 톈진조약을 상기시켰을 때, 공친왕은 조선이 내치외교(內治外交)는 자주(自主)하는 국가라고 회답했다. 그러고서는 사건의 원인을 규명하는 조사를 벌였는데, 이러한 행태는 종주권 사용에 있어서 청국이 이중적인 태도를 보인 예라며 마르탱은 비난한다.

조선에 대한 종주권을 부인하지도 그렇다고 종주국으로서 전면으로 나서지도 않았던 청국의 어정쩡한 태도가 일종의 외교 수완임을 마르탱이 모를 리 없다. 그런데도 그가 새삼 지난날의 조선 원정에 주목하여 청국의 종주권 문제를 들먹이며 비난하는 이유는 청국의 종주권 주장을 무력화하려는 데 있는 것 같다. 글의 종결부에서 언급하듯이 그는 프랑스의 통킹 원정이 막 시작된 시점에 이 글을 썼다. 1883년 프랑스가 베트남 전역을 식민화하려는 과정에서 베트남 북부 통킹 지역에서 종주권을 주장하던 청국과의 정면충돌을 피할 수 없게 된 시점이다. 그는 차후 통킹 지역에서 마찰을 일으킬 청국의 종주권 문제에 미리 선을 그으면서 프랑스의 강경한 대응책을 독려하는 것으로 글을 마무리한다. 어쩌면 마르탱의 「1866년 조선 원정」은 순전히 이러한 목적의 프로젝트 아래서 작성된 글인지도 모르겠다.

4회에서 마르탱은, 프랑스가 패한 이유로 우선 벨로네의 경솔한 대응을 지적한다. 공사대리가 섣부르게 청국에 조선에 대한 종주권 발효를 요구하는 바람에 조선에서의 선교사 처형을 정당화하는 결과만 초래했다는 것이다. 또한 그가 군사지휘권을 위임받지도 않은 상태에서 독단으로 선전포고문을 게시한 것도 경솔한 처사였다고 비판한다.

로즈 역시 패전의 책임을 면할 수 없다. 원정 시 군사지휘권은 현지의 군사 통솔권자에게 있다고 강력하게 항의하여 벨로네로부터 군사지휘권을 넘겨받은 로즈 사령관 역시 기민함과 기동력 부족으로 조선군에게 역습할 기회만 제공했기 때문이다. 더군다나 무력을 통한 응징을 계획하려면 적어도 승전 결과가 예상될 때에 비로소 선공하는 것이 전쟁의 원칙인데, 로즈는 전략상의 결점을 보였다. 마르탱은 원정 실패를 로즈 개인의 군사지휘 능력 탓으로 돌리며 프랑스 정부와는 무관한 원정이었음을 주장한다.

그러나 사실 로즈는 조선 침공을 앞두고 본국의 해군부와 충분히 교신했고, 해군 장관으로부터 "본국 정부에 누를 끼치지 않는 한도 내에서의 군사작전을 승인"한다는 조건부 동의를 확보한 후 원정을 단행했다. 따라서 로즈의 원정이 본국 정부와 무관한 침공이었다는 마르탱의 주장은 잘못이다. 아마도 마르탱에게는 성과 없이 끝난 조선 원정을 지난 정권의 한 현지 지휘권자의 실책으로 축소하려는 의지가 있었던 것 같다.

마르탱의 「1866년 조선 원정」을 읽으면 우리측 사료*에서는 못 보았던 흥미로운 사실 하나를 발견할 수 있다. 로즈 사령관에게 보낸 1866년 7월 13일자 공문에는 벨로네가 조선에 선전포고를 선언하며 조선의 왕을 폐위하고 대원군을 나폴레옹의 대리자로 세우라고 하는 대목이 나온다. 조선에 선전포고를 하는 당사자가 정작 누구와 싸워야 하는지조차 모르고, 박해자인 대원군을 오히려 선교사들을 보호해 줄 가장 적합한 조력자로 지목한 것이다. 마르탱은 벨로네의 이 공문을 솔직하게 펼쳐 보이며, 벨로네가 착각하

---

* 『한불관계자료: 1866-1867(병인양요 편)』는 프랑스 외무부 고문서실과 파리국립기록보관소, 프랑스 해군부에 소장되어 있는 필사본 문서 중에서 한국-프랑스 관계 부분(Correspondance Politique, Chine, Vol. 42와 Série BB4 Vol. 852, 867, 869, Dossier No. 1045)을 한국교회사연구소에서 번역한 자료이다. 이 자료에서 벨로네가 로즈에게 보낸 7월 13일자 공문은 발견되지 않는다. 다만 이 자료 중 로즈가 프랑스 해군부장관에게 보낸 1867년 2월 15일자 서한에 벨로네가 조선의 왕을 폐위하고 대원군을 후계자로 임명하라 지시했다는 대목이 나온다. 그러나 로즈는 원정 실패 후 자기 변호를 위해 벨로네의 실책을 강조하려고 이 대목을 언급한 것이다. 조선 원정을 단행한 시점에서 벨로네나 로즈는 조선에 대한 응징을 서두르기에 급급했을 뿐 누구를 왜 응징해야 하는지조차 생각하지 않았던 것이 분명하다.

고 있다고 주석을 달아 그의 다혈질적 실책을 슬쩍 고발한다.

  이렇게 마르탱은 한편으로는 벨로네와 로즈의 한계를 짚어가며 1866년 조선 원정의 실패를 집행자 두 사람의 실책으로 한정하고, 다른 한편으로는 이 실패가 중국의 조선에 대한 종주권 주장과는 무관한 일이었음을 말한다. 이것이 무엇을 말하는가? 프랑스의 강한 이미지는 그대로 살리고, 동아시아에서 중국의 종주권은 깎아 내리는 것 아닌가. 이를 통해 마르탱은 조만간 있을 프랑스의 통킹 원정에서 중국이 통킹에 대한 종주권을 주장하더라도 귀담아들을 필요가 없음을 말한다. 마르탱이 조선 원정의 패배라는 쓰라린 경험으로부터 중국의 종주권 문제를 끌어내 동아시아에서의 식민지와 통상국 확장에 발판이 될 토대이론을 구축하는 과정을 눈여겨볼 필요가 있다.

남은 말

  병인양요 연구는 우리측 선학들에 의해 깊이 천착된 바이고 앞으로도 꾸준히 연구될 주제다. 그래서 쥐베르와 마르탱의 글을 마주한 역자의 부담은 작지 않았다. 이번에 우리말로 옮긴 이 두 기록은 한국 고대사부터 한-프랑스 조약 직전까지의 시간을 가로지르며 정치, 외교, 종교, 문화를 두루 다루고 있어서, 비교적 짧은 분량의 글이지만 번역하는 동안 몇 차례 계절이 바뀌었고 어려움도 컸다.

기존 연구서들을 부지런히 읽었고 찾는 대로 역주를 달았더니 옮긴이 개인의 무지를 고스란히 독자에게 내보인 꼴이 되었다. 더러는 불필요한 주석도 있을 터이고 어느 대목에서는 꼭 필요했을 주석을 놓쳤을 수도 있다. 사료 번역이라는 긴장 속에서 단어 하나 고를 때도 관련 연구서와 문헌들을 재차 확인하며 적합한 의미 전달이 되도록 신중을 기했지만 그럼에도 오기나 오역이 발견된다면 이것 역시 옮긴이의 한계에서 비롯된 것이니 독자들이 적시해 주기를 당부한다.

졸역이라 지면을 통해 누구에게 감사의 인사를 전하기도 민망스럽지만, 결과물을 떠나서 길고도 고된 시간을 보내야 했던 옮긴이에게 고맙게도 그 무게를 경감시켜 준 분들이 계셔서 인사드린다. 한국천주교회사 관련 문서들을 번역하면서 자주 도움을 받았던 조광 선생님께 이번에도 큰 도움을 받았다. 선생님께서 건네 주신 사과박스 한 박스 분량의 논문과 책들이 아니었다면 번역하는 데 시간이 더 오래 걸렸을 것이다. 선생님께 머리 숙여 감사드린다. 쥐베르와 마르탱의 원고 서지사항 확인 작업과 삽화 조사를 위해 용인까지 번거로운 발걸음을 마다하지 않았고 투박한 원고를 꼼꼼하게 읽고 세심하게 다듬어 준 살림출판사 이기선 편집자께 감사의 인사를 전한다. 길고 오랜 시간 동안 번역에 매달리다 보면 번역이 두려워지는 순간이 온다. 그러면 아무리 오랜 시간을 들인 번역 작업이라고 해도 책 출간을 포기하고 싶어진다. 그 순간을 잘 붙들어 주는 게 편집자의 중요한 역할일 수 있다는 걸 이번에 알게 되었다. 그래서 더욱 고맙다. 은사이신 한문희 선생님, 늘 가까이서 챙겨 주시는 임혜경 선생님, 프랑스어 원문 독해를 도와 준 카티 라팽 선생님께 전하는 감사 인사가 혹여 그분들께 누가 되지나 않을지 두렵다. 이 책을 부모님께 바친다.

참고문헌

국사편찬위원회 국역, 『조선왕조실록』 고종3년(1866 병인) 기사.
김기태, 「프랑스 所藏의 우리 典籍들의 淵源에 관한 고찰」, 『기전문화연구』 제18집, 1989.
김진소, 『천주교 전주교회사 1』, 천주교전주교구, 1998.
달레, 최석우·안응렬 공역, 『한국천주교회사』, 한국교회사연구소, 1980.
성해준, 「근세 일본인들의 조선관」, 『일본어문학』 제31집, 일본어문학회, 2005.
양헌수, 김영길 옮김, 『(國譯)荷居集』, 충장공 양헌수대장 기념사업회, 2005.
우철구, 「19C 후반 프랑스의 대외정책과 병인양요」, 『병인양요에 대한 역사적 성찰』, 제3회 학술 연구 발표회, 인천가톨릭대학교 겨레문화연구소, 1997.
조광, 「한국 교회사 열두 장면-한불조약과 천주교 선교사」, 『경향잡지』 2008년 9월호.
펠릭스 클레르 리델, 유소연 옮김, 『나의 서울감옥생활 1878』, 살림출판사, 2008.
_____, 한국교회사연구소번위원회 옮김, 『리델문서 1』, 한국교회사연구소, 1994.
프레데릭 불레스텍스, 이향·김정현 공역, 『착한 미개인 동양의 현자』, 청년사, 2001.
하우봉, 『한국과 일본-상호인식의 역사와 미래』, 살림출판사, 2005.
한국교회사연구소 역, 『한불관계자료: 1866-1867(병인양요 편)』, 한국교회사연구소, 1977.
홍순호, 「19C 후반 프랑스의 대외정책과 병인양요 - 논평」, 『병인양요에 대한 역사적 성찰』, 인천가톨릭대학교 겨레문화연구소, 1997.
E. J. 오페르트, 신복룡·장우영 역주, 『금단의 나라 조선』, 집문당, 2000.
W. E. 그리피스, 신복룡 역주, 『은자의 나라 한국』, 집문당, 1999.
CH. Dallet, *Histoire de l'Eglise de Corée* 2, Le Mans, 1874.
Daniel C. Kane, "A Forgotten Firsthand Account of the Pyŏng'in yangyo(1866): An Annotated Translation of the Narrative of G. Pradier", *Seoul Journal of Korean Studies* 21, no.1(June 2008).
NECROLOGE DE LA SOCIETE DES MISSIONS-ETRANGERS DE PARIS, 1932.

프랑스 군인 쥐베르가 기록한 병인양요

펴낸날	초판 1쇄 2010년 2월 24일
	초판 2쇄 2020년 2월 17일

지은이	H. 쥐베르, CH. 마르탱
옮긴이	유소연
펴낸이	심만수
펴낸곳	(주)살림출판사
출판등록	1989년 11월 1일 제9-210호

주소	경기도 파주시 광인사길 30
전화	031-955-1350　팩스 031-624-1356
홈페이지	http://www.sallimbooks.com
이메일	book@sallimbooks.com

ISBN	978-89-522-1359-4　03910
	978-89-522-0855-2　03910(세트)

※ 값은 뒤표지에 있습니다.
※ 잘못 만들어진 책은 구입하신 서점에서 바꾸어 드립니다.